Pascale Naessens

Mijn Pure Keuken 2

VOLOP GENIETEN EN TOCH SLANK

FOTOGRAFIE: HEIKKI VERDURME

LANNOO

Inhoud

Alle recepten zijn voor twee personen gerekend.

'Jouw boek en filosofie betekenen een belangrijke meerwaarde in onze eetcultuur.'

Als cardioloog is het voor mij van het grootste belang om patiënten te informeren over de risicofactoren van ongezonde voeding. Uit cijfers van de Wereldgezondheidsorganisatie (WGO) blijkt dat hart- en vaatziekten veruit de belangrijkste doodsoorzaak zijn en dat in Europa hartaandoeningen jaarlijks verantwoordelijk zijn voor vier miljoen sterfgevallen … Deze hart- en vaatziekten worden grotendeels veroorzaakt door overgewicht of obesitas, vandaar het belang van gezonde voeding.

De grote inname van de zogeheten verborgen vetten, die voornamelijk van het verzadigende type zijn, vormt een groot gevaar. Ze stapelen zich op in de vaatwand en veroorzaken zo wandverkalkingen of atherosclerose. Het belang van preventie is dus primordiaal.

Een gezonde eetgewoonte leidt niet alleen tot het verminderen van allerlei ziektes maar des te meer tot een energierijker gevoel zowel van lichaam als van geest.

Dit boek draait rond variatie in gezonde voeding onder de vorm van een mediterraans geïnspireerd dieet waar de nadruk wordt gelegd op combinaties en goede vetten en waar toch alles mag gegeten worden. Het prachtige smakenpalet komt in dit boek echt tot zijn recht en de beschreven recepten zijn makkelijk te bereiden, enorm smaakvol en een streling voor het oog.

De diversiteit en variatiemogelijkheden zijn prachtig omschreven. Ze leren ons dat de winterse keuken niet overladen moet zijn en leiden tot een gezonde en evenwichtige uitbalancering met als belangrijkste doel onze gezondheid te bewaren en ziekten de baas te blijven.

Beste Pascale, jouw boek en filosofie betekenen een belangrijke meerwaarde in onze westerse eetcultuur.

Katie Wollaert, Cardioloog

Dit had ik nooit verwacht

Het succes van mijn eerste boek was overweldigend. Ik had dit echt nooit verwacht. Het is duidelijk dat heel veel mensen op zoek zijn naar een andere manier van eten waarbij gezondheid en genieten samengaan. Het is zo fijn te beseffen dat ik op mijn eigen, kleine manier mensen culinair plezier kan schenken en kan bijdragen tot hun levenskwaliteit.

Het leidt geen twijfel dat dit tweede boek er gekomen is door de vele ongelooflijk deugddoende en enthousiaste reacties.

Lees maar hieronder.

'De aangenaamste en gezondste weg voor wie slank wil blijven.'

Sofie is arts en Mich cardioloog. 'We houden van lang en gezellig tafelen met een lekker wijntje erbij. Daarnaast zijn we vrij bewust met ons uiterlijk bezig. Wie zich gezond, fit en goed in zijn vel voelt, straalt dit immers ook uit. *Mijn Pure Keuken* heeft voor ons een nieuw culinair hoofdstuk geopend: heerlijke, gemakkelijk te bereiden gerechten met schitterende smaakcombinaties, mooi gedresseerd ... én waarna je jezelf echt licht voelt. Ik kan de zaligheid van dat gevoel niet voldoende benadrukken! Weg met het gevoel van onderuit te moeten zakken met een zware maag ... Voor wie slank wil blijven, is de theorie van goede combinaties maken echt de aangenaamste en gezondste weg, ook vanuit medisch standpunt.'

'Mijn partner zei: "Je wordt nog een echte keukenprinses!"'

Van Alma kreeg ik een heel mooie mail: 'Ik had een gerecht klaargemaakt van jou dat in de krant was verschenen. En wat gebeurt er? Manlief heeft geproefd en gekeken en daar was jouw boek in een verjaardagscadeautje verpakt. Het heeft geen 2 uur geduurd of ik stond in de keuken. Daarnet zei mijn partner dat ik nog een echte keukenprinses zou worden. Dat vond ik een enorm leuk compliment.'

'Het is niet alleen een kookboek, het geeft ook een zachte levenswijze mee.'

Inge: 'Als marathonloopster ben ik met gezondheid en voeding bezig, maar ook als moeder van drie kinderen en in mijn beroep als tandarts. Ik pas de combinaties toe die je beschrijft (meestal), en sta achter die filosofie, ook het fruit 's ochtends is een gouden regel. Het is niet alleen een kookboek, het geeft een zekere zachte levenswijze mee waarin ik mij zeker kan vinden.'

'Vroeger kookte ik niet graag maar met 'Mijn Pure Keuken' is het altijd leuk.'

Op de Boekenbeurs was ik gecharmeerd door de oude vrouwtjes die me vertelden dat koken eigenlijk nooit hun ding is geweest, maar dat ze met mijn kookboek heel graag aan de slag gingen. Mijn boek werd duidelijk goed gebruikt, want ik zag overal kookvlekken op de pagina's.

'Hij mist mijn keuken, voor een beginner een heel compliment.'

Julie woont sinds kort samen met haar vriend Sander, een wielrenner. 'Hij wil absoluut dat ik gerechten uit *Mijn Pure Keuken* klaarmaak, omdat hij er meer energie door krijgt en er niet van verdikt, integendeel! Sanders wielerseizoen is weer gestart. Hij is nog geen vijf dagen weg en hij stuurt al berichten dat hij mijn keuken mist! Voor een beginner een heel compliment, maar dat heb ik ook te danken aan jouw filosofie.'

'Ik krijg meer energie, dus ik loop beter.'

Ik was bijzonder opgezet te horen dat mijn boek in de MMC (Managers Marathon Club) veel bijval had. 'De meesten hechten hier veel belang aan gezonde voeding', luidde het. Marie Paule zei: 'Als ik eet volgens *Mijn Pure Keuken*, dan krijg ik meer energie, dus loop ik beter.'

'60 kg afgevallen'

Het meest verrast was ik door de reactie van Carine uit Kortrijk. Ze was met mijn boek al 60 kg afgevallen. Ze liet zich weliswaar bijstaan door een voedingsdeskundige die werkt volgens de goede voedselcombinaties. 'Het vergt een andere manier van eten, maar nu zou ik het niet meer kunnen missen. Ik gebruik veel verse kruiden, net zoals jij, en beleef veel meer plezier aan het bereiden van het eten.'

'lang gezocht naar het ideale voedingspatroon.'

Mijn goede vriendin Katrijn: 'Jaren heb ik gezocht naar een ideaal voedingspatroon, maar gaandeweg geloofde ik er niet langer meer in. Ideaal betekent voor mij: praktisch haalbaar, makkelijk bereidbaar, gevarieerd, lekker ... en, niet in het minst, voeding die me toelaat mijn gewicht onder controle te houden. Ondertussen leef ik een jaar de basisbeginselen uit het boek van Pascale na. Ik heb me ook verdiept in de door haar aanbevolen lectuur. Ik verloor gaandeweg de nodige kilo's (nog steeds op weg naar een ideaal gewicht) en heb de juiste balans gevonden tussen gezond en lekker eten, maar ook tussen genieten en goed in mijn vel zitten.'

'Zo'n mailtje maakt je dag goed.'

Op de Boekenbeurs heb ik mijn stoute schoenen aangetrokken en me tussen de lange rij wachtenden gewrongen die stonden aan te schuiven voor een handtekening van Sergio Herman. Ik heb hem mijn boek gegeven en gezegd dat hij me maar eens moest laten weten wat hij ervan vond. Enkel weken later kreeg ik het volgende in mijn mailbox. 'Heb je boek gisteren gelezen en wilde je toch complimenteren met de pure smaken en smaakvolle toets die erin zit! Echt een leuk boek om thuis in je keuken te hebben en ermee aan de slag te gaan!'

Ja, zo'n mailtje maakt je dag goed!

En, én, én … ik wil het allemaal
én gezellig eten
én niet verdikken
én niet te veel werk in de keuken.

Eindelijk heb ik ontdekt dat koken en eten ook alleen maar genot kunnen beteke-nen en geen strijd hoeven te zijn tegen de tijd en de calorieën.

Ik hou van koken omdat het mij nu gelukkig maakt. Het is creatief, ik breng mijn vrienden en geliefden samen, ik creëer unieke, romantische momenten en misschien wel het belang-rijkste: ik geniet zelf mee aan tafel. Dus voor mij geen ingewikkelde recepturen waarbij je uren in de keuken verdwijnt, maar natuurlijk wil ik wel scoren bij mijn gasten … Wel, de verrassing zit hem in de eenvoud.

Maar ik kan pas ten volle genieten als ik weet dat elke hap die ik eet, goed is voor mijn lichaam. Dat werkt enorm bevrijdend. Dan pas wordt het puur genieten, genieten van de gasten en genieten van het heerlijke eten.

Dat voedsel iets doet met je lichaam, ondervond ik zelf tijdens mijn modellentijd.
Het is beginnen mislopen toen ik als model nog moest vermageren. Voor het eerst in mijn leven volgde ik een dieet. De kilo's vlogen eraf, maar binnen de kortste keren kwamen ze er ook weer bij. Het jojo-effect ken ik maar al te goed. Perioden van uithongering zoals in Parijs en Japan, wisselden elkaar af met perioden van overeten zoals in Milaan. Natuurlijk kwam ik kilo's bij, net zoals iedereen die fout eet. Ik voelde mij ellendig en had geen energie meer. Elk moment van de dag dacht ik aan dat 'vervloekte' eten. Toen is mijn zoektocht begonnen naar een andere manier van eten.

De mooiste momenten zijn vaak die aan tafel. Een romantisch etentje, gezellig lang tafelen met vrienden, bijpraten met een glaasje wijn. Ik zou die momenten voor geen geld van de wereld willen missen. Maar ik wil ook mijn levenskwaliteit behouden. Ik wil het allemaal: én gezellig eten én me toch goed voelen én niet verdikken én zeker geen calorieën tellen.

Het eenvoudige geheim is het gebruik maken van goede voedselcombinaties en het eten van de juiste vetten. Op pagina 18 vind je de wetenschappelijke theorie waarop mijn gezonde keuken gebaseerd is. Of je kunt natuurlijk direct aan de slag met de recepten zelf. Je zult merken dat 'gezond en evenwichtig' staat voor 'lekker en heerlijk'.

Iedereen kan mijn recepten klaarmaken en meteen beginnen genieten. Alle ingrediënten zijn gemakkelijk te vinden. Ik heb ook een hoofdstuk 'Koken voor vrienden' en 'Het is feest' met allemaal gerechten die je grotendeels op voorhand kunt klaarmaken. Ik leg stap voor stap uit wat je op voorhand kunt doen en wat er nog moet gebeuren als de gasten er zijn.

In mijn eerste boek, *Mijn Pure Keuken*, heb ik mijn manier van eten en koken uitgebreid toegelicht. Ik ging dieper in op de theorie en stelde een aantal gerechten voor die het je gemakkelijk maakten om 'lekker, licht en geïnspireerd' te koken. Nu ga ik verder op dat élan. Ik zal natuurlijk weer kort de theorie toelichten, maar vooral veel nieuwe recepten aanbieden. Vooral recepten voor de winter, voor de feesten, maar eigenlijk ook voor het hele jaar door.

Ik nodig je uit om volop te genieten van *Mijn Pure Keuken 2*.
Je gezondheid en slanke lijn zullen er wel bij varen.

Liefs,

Pascale

Mijn gerechten zijn vooral mediterraan geïnspireerd: Veel vis, veel olijfolie en veel groenten en verse kruiden. Een voedingsmodel waarvan de gezondheidsvoordelen wereldwijd zijn bevestigd.

Mijn pure keuken 2

Je krijgt voldoening op zoveel vlakken, dit is pas genieten.

Ik ga op zoek naar ingrediënten die mijn lichaam voeden en mijn geest inspireren, natuurlijke ingrediënten en geen sterk bewerkte of kant-en-klare voedingswaren. De winter vraagt om stevige voedingsmiddelen die het lichaam verwarmen, zoals knolgewassen, kolen, gember, kurkuma. Ik ga terug naar de basis en laat de pure smaken van voedingsmiddelen tot hun recht komen.

Goede producten hoeven geen dikke saus van room of bloem die de smaken verdoezelen en het geheel vet en onverteerbaar maken. Ik werk graag met kruiden die de natuurlijke aroma's versterken. Op die manier haal ik het beste uit de voedingsmiddelen en dragen ze bij tot mijn gezondheid en die van mijn dierbaren voor wie ik kook.

Volop genieten

Ik geniet van eten bereiden, omdat ik weet dat ik geen uren in de keuken moet staan en toch een schitterende maaltijd op tafel kan toveren. Belangrijk is dat je zelf geniet!

Hoe je eten klaarmaakt, is even belangrijk als wat je eet. Verander een dagelijks corvee in een genoegen door bewust te koken. Je bent niet zomaar aan het koken, maar aan het creëren, jezelf aan het ontplooien, anderen aan het voeden. Wie kookt, heeft de touwtjes in handen, bepaalt mee de sfeer van de avond.

Ik geniet van een mooi gedresseerd bord, een aangeklede tafel, een sfeervolle buitentafel …, het is de helft van de voldoening. Eten is een totaalbelevenis, elk zintuig wordt ingeschakeld. Hoe bewuster je wordt van dit alles, hoe meer vreugde je beleeft. Jij kunt het verschil maken, de klemtonen leggen.

En toch slank

Volop genieten van het eten zelf, zonder schuldgevoel. Het is een bevrijding. Je weet dat elke hap goed is voor je lichaam en dat je er niet van verdikt. Eindelijk kun je eens ten volle genieten van de smaken.

Je krijgt voldoening op zoveel vlakken, dit is pas genieten!

De kracht van voeding

Hoe je eet en wat je eet maakt het verschil.

Ik ben er heilig van overtuigd dat iedereen zijn levenskwaliteit kan verbeteren door bewust om te gaan met voeding en een gezond gewicht kan bereiken door op de eerste plaats 'echt' te genieten van eten. Ik ben daarvan het levende bewijs. Als je door mijn boek bladert, zie je meteen dat ik geniet én dat ik eet. Ik ben een romanticus en een levensgenieter, maar ik hou ook van mijn gezondheid en van mijn lichaam. Lekker lang tafelen en toch met een goed gevoel van tafel gaan. Dat is pas genieten!

Tijdens het eten denken velen alleen nog maar aan de smaak, het kortstondige genot dat eten met zich meebrengt, en aan het gevoel van voldaanheid. Helaas zijn we verleerd om ons lichaam ook te voeden. Voeding is nochtans een van de meest directe manieren om invloed uit te oefenen op je welzijn. Hoe bewuster je met voeding omgaat, des te meer je beseft hoeveel impact eten heeft op je totale persoon.

Het lijdt geen enkele twijfel meer dat onze manier van eten een beslissende rol speelt bij het risico op ziekten zoals kanker, diabetes, hart- en vaatziekten. Deze ziekten staan rechtstreeks in verband met onze levenswijze en zijn dus tot op zekere hoogte vermijdbaar. Maag-, darm- en slokdarmkanker kun je voor 50% tot 75% vermijden door gezond te eten (World Cancer Research Fund)! Dat vind ik hallucinante cijfers! We hebben onze gezondheid dus zelf voor een groot deel in de hand! Zodra je dat beseft, kijk je anders tegen 'eten' aan.

Ons voedsel verschaft ons niet alleen energie, het goed functioneren van elke cel in ons lichaam is afhankelijk van de kwaliteit van het voedsel dat we eten. Een wagen presteert ook het best op kwalitatieve brandstof.

De twee belangrijkste pijlers waarop mijn gezonde manier van eten gebaseerd is, zijn:

- goede voedselcombinaties
- goede vetten

Wat we eten is bepalend, maar het is ook ongelooflijk belangrijk dat ons voedsel goed wordt verteerd, zodat alle waardevolle voedingsstoffen kunnen worden opgenomen. Die zijn zo belangrijk voor het goed functioneren van ons lichaam. Voedsel dat slecht verteert, begint te gisten en te rotten in de darmen, waardoor er giftige stoffen ontstaan. Slecht verteerd voedsel wordt niet alleen sneller omgezet in vet, de mineralen en vitaminen in het voedsel gaan ook grotendeels verloren. Het is al vaak aangetoond dat ernstige gezondheidsproblemen bijna altijd samengaan met een slechte darmflora.

Profiteren van de overvloed aan beschikbaar voedsel wil niet zeggen dat we meer moeten eten. We moeten er ons voordeel uit halen en het genoegen van lekker en gezond eten vergroten.

Je kunt vandaag beginnen met gezonder te eten en morgen al het verschil voelen, je energieker en fitter voelen. Overmorgen kun je al wat gewicht kwijtgespeeld zijn ... je zult je altijd maar beter voelen ... zo snel en efficiënt kan 'voeding' werken.

Goede voedselcombinaties

Geen enkel levend wezen dat in de vrije natuur leeft, eet alles door elkaar zoals de mens.

Hoe gemakkelijk een bepaald voedingsmiddel verteert, hangt niet alleen af van de hoeveelheid energie die het bevat, maar ook van wat je erbij eet.

Door overvloed zijn we alles door elkaar beginnen te eten: we vinden het normaal om te beginnen met vis als voorgerecht, vlees en aardappelen als hoofdgerecht en nadien graag nog een dessert. We eten niet alleen veel maar ook nog eens alles door elkaar. Dat maakt het juist onverteerbaar. Ons spijsverteringstelsel heeft zijn beperkingen, als we die overschrijden krijgen we gezondheidsproblemen. We staan er niet meer bij stil, nochtans ondervinden we wel de gevolgen ervan: zwaarlijvigheid, oprispingen, brandend maagzuur en een opgezette buik omdat het eten begint te gisten nog voor het kan worden verteerd. Bovendien gaan waardevolle voedingsstoffen verloren omdat ze beginnen te rotten in onze darmen, we voelen ons futloos en we verdikken ervan.

Door goede combinaties te maken, verteert het voedsel beter en kan je lichaam de nodige voedingsstoffen opnemen. Je voelt je fitter, hebt meer energie en bovendien werkt het afslankend. Voedsel dat slecht verteert, wordt sneller omgezet in vet.

De belangrijkste regel is dat je eiwitten (vlees, vis, kaas ...) niet samen eet met zetmeel (aardappelen, pasta, brood ...). Eet vlees of vis uitsluitend met groenten, zonder aardappelen, rijst of pasta.

Hoe minder verschillende combinaties je maakt, hoe gemakkelijker verteerbaar. Wat zoveel wilt zeggen als: gooi niet zomaar alles door elkaar!

De voordelen zijn talrijk:

Je krijgt een betere vertering en geen opgeblazen gevoel.

Alle belangrijke stoffen in de voeding worden beter opgenomen via de darmen.

Je hebt meer energie, je voelt je fitter.

Je proeft veel meer wat je eet, het is een pure keuken.

Je hoeft geen calorieën te tellen.

Het geeft een houvast in een wereld van overvloed.

Het werkt afslankend.

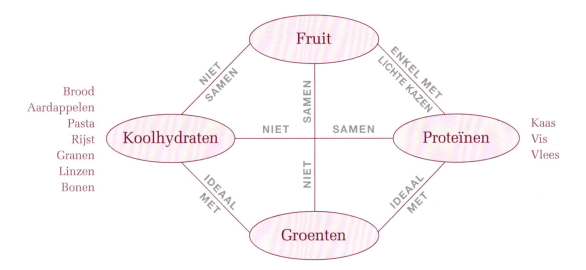

Eenvoudig: vertrek van groenten en combineer deze met ofwel vis, of vlees, of kaas, of aardappelen.

Fruit

Fruit na de maaltijd is nefast. Het fruit komt in een volle, warme maag terecht en het begint dus te gisten nog vóór het kan worden verteerd. Fruit kan wel een half uurtje vóór de maaltijd worden gegeten. Als je alleen fruit eet, verlaat dit vrij snel de maag (al na 30 minuten). Ideaal is fruit als tussendoortje of als ontbijt. Inspiratie voor het ontbijt en fruit vind je in het hoofdstuk Ontbijten als een koning.

Het is geen dieet maar een manier van eten

Het is geen dieet maar een manier van eten. Daardoor is het gemakkelijk vol te houden, zelfs op restaurant of tijdens een etentje bij vrienden. Je hoeft geen calorieën te tellen of hoeveelheden af te meten. Wat je eet en hoe je het eet, is veel belangrijker dan de hoeveelheid. Je mag in principe alles eten (ik heb het over voedingsmiddelen en geen desserts!), zolang je het maar juist combineert. Zo simpel, duidelijk en eenvoudig is het.

Nog een groot voordeel van goede voedselcombinaties maken is dat je veel minder koolhydraten eet en dat zijn vaak de boosdoeners! De afgelopen jaren eten we veel te veel koolhydraten, veel meer dan we nodig hebben: suikers, pasta, brood, koekjes, aardappelen … we eten ze overal bij. Koolhydraten geven weliswaar energie, maar als we die niet verbranden, dus niet voldoende lichaamsbeweging hebben, worden deze in ons lichaam razendsnel omgezet in vet.

Snelle koolhydraten zijn de boosdoeners

Met mijn manier van eten eet je automatisch minder koolhydraten omdat je ze niet samen mag eten met bijvoorbeeld vis of vlees. Als je toch voor koolhydraten kiest, moet je er groenten bij eten en die hebben een gunstig effect op je bloedsuikerspiegel. Bovendien heb je snelle en trage koolhydraten. De snelle koolhydraten laat je beter links liggen, die zijn nergens goed voor: witbrood, sandwiches, suiker, koekjes … De trage koolhydraten zijn beter omdat ze langzaam hun suikers afgeven. In mijn gerechten werk ik vooral met trage koolhydraten: linzen, bonen, kikkererwten … Je zult proeven dat die heel lekker zijn, meer verzadigend en bovendien een pak gezonder, ze bevatten veel meer mineralen en vitaminen. Trouwens, ook in fruit en groenten zitten goede koolhydraten.

Al mijn gerechten zijn gebaseerd op het combinatiedieet, dat eigenlijk nog strenger is. De voedselcombinaties die ik maak, zijn makkelijk haalbaar in het dagelijkse leven.

Het combinatiedieet is gebaseerd op wetenschappelijk onderzoek op de werking van het spijsverteringstelsel. De grondleggers zijn dr. Hay en dr. Shelton. Wie meer wil weten over de juiste voedselcombinaties, raad ik de volgende lectuur aan:
- Dokter Shelton, *Gezond eten door juiste voedselcombinaties*
- Jan Dries, *Voedselcombinaties*
- Patrick Geryl, *Slank en gezond door juiste voedselcombinaties en het fruit-groentedieet*

Goede vetten

Eigenlijk is het eenvoudig: goede vetten laten je lichaam optimaal functioneren, slechte vetten worden sneller omgezet in vet en verhogen je cholesterol.

Niets is zo belangrijk voor onze gezondheid als het eten van goede vetten. Ook als je wilt afvallen, heb je goede vetten nodig. Het is fout om te denken dat je van alle 'vetten' verdikt. Trouwens, de belangrijkste bronnen van lichaamsvet zijn vooral het overschot aan koolhydraten (suikers en zetmeel = gebak, taart, witbrood, aardappelen, pasta ...) dat in het lichaam wordt omgezet in verzadigd vet en ook te veel (verborgen) verzadigde vetten eten (boter, room, kaas, worst, sauzen ...).

Veel mensen met overgewicht hebben doorgaans een tekort aan goede vetten, zoals de omega 3-vetzuren. Die zijn net heel belangrijk voor onder andere het goed functioneren van onze lichaamscellen, onze hersenen, ons zenuwstelsel en onze hormoonhuishouding.

Goede vetten hebben dus een invloed op hoe we ons voelen. Bovendien spelen ze een belangrijke rol in ons gevoel van verzadiging. Het is dus heel belangrijk dat je weet welke vetten goed zijn en welke vetten slecht zijn voor je lichaam.

In de praktijk:

Gebruik om te bakken:

extra vierge olijfolie, extra vierge kokosolie of extra vierge palmpitolie. Deze oliën blijven stabiel bij verhitting, ze blijven hun gezonde eigenschappen behouden. Geklaarde boter is ook stabiel, maar het is een dierlijk vet, geef liever de voorkeur aan plantaardige vetten.

Eet veel:

- *onverzadigde vetten: zoals olijven, ongezouten noten en avocado's of hun oliën;*
- *de gerenommeerde omega 3-vetzuren: walnotenolie, vette vis ...*

Al deze oliën hebben een positieve invloed op je cholesterolgehalte, beschermen je hart, bevorderen de goede celgroei. Omega 3-vetzuren zijn essentieel voor een goede hersenfunctie.

Beperk de inname van:

- *dierlijke, verzadigde vetten, zoals kaas, boter, room, vlees.*

Eet deze met mate. Overdaad ervan leidt tot obesitas, vernauwing van de bloedvaten, verhoging van de slechte cholesterol, vermindering van de flexibiliteit van je cellen ...

- *omega 6-vetzuren: zonnebloem-, maïs-, saffloer-, sojaolie.*

Omega 6-vetzuren zijn in tegenstelling tot omega 3-vetzuren in onze dagelijkse voeding buitensporig aanwezig. Bij klassiek westers eten neemt men ongeveer 23 keer meer omega 6-vetzuren tot zich dan omega 3-vetzuren. De industriële voedingsbedrijven werken bijna allemaal met plantaardige oliën die rijk zijn aan omega 6-vetzuren. Zelfs biologische maaltijden worden vooral bereid met soja-, zonnebloem- of maïsolie. Een overdaad aan omega 6-vetzuren werken ontstekingen in de hand en heeft dus heel negatieve gevolgen voor kankerpreventie.

Vermijd slechte vetten, zoals:

- *verbrande vetten.* Als vet verbrandt, ontstaan er schadelijke stoffen. Daarom is het belangrijk dat je met vetten kookt die stabiel blijven bij verhitting (zie eerste punt). Ook verbrande voedingswaren zijn heel ongezond. Kook daarom altijd op een matig vuur.
- *gehydrogeneerde vetten of transvetten* (zitten in veel soorten margarines en plantaardig bakvet, in vele industriële, kant-en-klare voedingswaren, in koekjes, chips, fastfood, koffiemelkpoeder en industrieel gebak ...).

Transvetten ontstaan door plantaardige, lopende oliën, zoals maïsolie, te hydrogeneren en zo vast te maken. Transvetten zijn heel gewild in de voedingsindustrie omdat ze goedkoper zijn dan bijvoorbeeld boter, ze niet ranzig kunnen worden en ze bovendien de houdbaarheidsdatum verlengen. Ook door te bakken op te hoge temperaturen ontstaan transvetten (als vet verbrandt).

Ze zijn bijzonder schadelijk voor onze gezondheid. Je wordt er dik en ziek van! Europa probeert de hoeveelheid transvetzuren in het eten aan banden te leggen, voorlopig kun je voedingswaren waarop 'gehydrogeneerde vetten' staat, het best terugzetten.

Olijfolie

*Een van de beste vetten om te
gebruiken in de keuken*

Extra vierge olijfolie is de beste. Extra vierge of koud geperst betekent dat de olie op een natuurlijke manier is verkregen en niet is bewerkt door middel van verhitting of chemische middelen, zodat de olie nog al haar smaak en goede eigenschappen bezit, zoals vitaminen en antioxidanten. De zuurgraad bedraagt minder dan 1%. Een 'extra vierge' olijfolie van goede kwaliteit zou je altijd in huis moeten hebben. Deze olie heeft zoveel te bieden: ze smaakt overheerlijk, ze bevat vitamine E, een krachtig antioxidant die beschermt tegen veroudering, ze beschermt ons zenuwstelsel, ze werkt ontstekingsremmend, ze verlaagt de cholesterol en de bloeddruk en heeft daardoor een beschermend effect op hartziekten, ze verwijdt de bloedvaten ... Wilt u ten volle van deze positieve eigenschappen kunnen genieten, gebruik dan extra vierge olijfolie zo vaak mogelijk koud, want door verhitting gaat een aantal van deze eigenschappen verloren.

Ik noem dit mijn heerlijk medicijn.

Olijven zijn
wintervruchten.
De groene olijf wordt
in september en
oktober geoogst, de
zwarte van november tot
februari.

Olijfolie en bakken

Het belangrijkste is dat vetten niet verbranden, anders ontstaan er heel schadelijke transvet-zuren.

Er zijn zoveel tegenstrijdige meningen over wel of niet bakken met extra vierge olijfolie. Ik heb zelf een aantal testen uitgevoerd en verschillende oliën verhit terwijl ik de temperatuur mat met een kerntemperatuurmeter. Het is duidelijk dat geraffineerde olijfoliën hogere temperaturen aan kunnen, deze begonnen pas te roken rond 220°C. De extra vierge olijf-oliën begonnen te roken tussen 160-180°C.

Geraffineerde olijfolie blijft dus langer stabiel, maar ze bezit weinig of geen voedingswaarde meer door het raffinageproces en dus draagt ze niet bij tot de gezondheid van je lichaam. Extra vierge daarentegen is veel gezonder, maar het rookpunt ligt lager.

Gezonde vetten die nog hogere temperaturen aankunnen en ideaal zijn om te frituren en te wokken, zijn extra vierge kokosolie en extra vierge palmpitolie. Weet wel dat deze een uit-gesproken smaak hebben. Maar ik vind bijvoorbeeld scampi gebakken in kokosolie heerlijk. Experimenteer met oliën en ontdek nieuwe smaken en mogelijkheden.

Mijn advies is: gebruik extra vierge olijfolie, maar op een matig vuur.
    Enkele tips:
- Wacht niet te lang om voedingsmiddelen in de hete olie te leggen, daardoor zakt de temperatuur in de pan.
- Kook altijd op een matig vuur (ook verbrande voedingswaren zijn heel ongezond).
- Mocht de olie toch beginnen te roken en verbranden, giet ze dan weg en begin opnieuw op een lager vuur.
- Gebruik extra vierge olijfolie maar één keer om te bakken of te frituren.

De medische aspecten van dit boek werden nagelezen door dr. Aelbrecht, oprichter van de Energiekliniek. Meer info www.energiekliniek.be

Wie geen tijd
maakt om gezond
te leven, goed te
eten en te bewegen,
zal vroeg of laat
tijd moeten maken
om ziek te zijn.

In de praktijk

Eten volgens de goede combinaties komt op de eerste plaats je gezondheid ten goede. Dat je ervan afvalt is een gevolg van je gezonde levenswijze en dat is natuurlijk mooi meegenomen. Dit is de enige en juiste invalshoek om af te vallen: gezond eten! Enkel en alleen de strijd aangaan tegen de kilo's is tegen je natuur ingaan en gedoemd om te mislukken. Mijn manier van eten geeft je alle genoegens en voldoening die je verlangt op het gebied van eten, zodat je het gemakkelijk kunt volhouden. Meer nog, het is heerlijk om zo te eten. Ik zou niet meer anders willen.

De kracht van mijn manier van eten is soepelheid

Dat haalt de druk van de ketel, waardoor het een eigen keuze wordt en niet van 'moeten' is. Je hoeft geen calorieën te tellen, geen hoeveelheden af te wegen, gewoon de juiste combinaties maken. Het geeft je regels en houvast in een wereld van overvloed. Het is de basis waarnaar ik altijd terugkeer. Laat ons zeggen dat ik voor 70% het combinatiedieet strikt volg, vooral thuis. Maar op een etentje bij vrienden of op restaurant zal ik nooit een gerecht weigeren omdat het niet de juiste combinatie is. Wel laat ik vaak de aardappelen liggen. Zo heb ik toch de goede combinatie: vlees met groenten of vis met groenten.

Af en toe een stukje taart kan geen kwaad

Het kan echt geen kwaad als je nu en dan eens een hamburger, een stuk taart, worst of chips eet, maar het wordt wel een probleem als je dat elke dag doet, als je elke dag witbrood met confituur eet, elke dag rood vlees, koekjes en chocolade. Het belangrijkste is dat je gevarieerd eet. Elke dag vis eten is ook niet goed. Kies voor natuurlijke ingrediënten en niet voor sterk bewerkte of geïndustrialiseerde voeding, waarin veel verborgen suikers, ongezonde vetten en bewaarmiddelen zitten die je lichaam belasten en je ongezond maken.

Gezond eten maakt echt het verschil. Iedereen heeft ziektekiemen in zich, genetisch of via een trauma, maar meestal ontwikkelen die zich niet tot een ziekte. Slechte eet- en leefgewoonten bevorderen die ziektekiemen om zich te ontwikkelen. Een overdaad aan getransformeerd voedsel, vol suiker en schadelijke vetten (in koekjes, chips, bereide vleeswaren, witbrood ...) in combinatie met een te laag gebruik van plantaardig voedsel en weinig beweging is de beste kiemlegger voor allerlei ziekten! Of we dat nu graag horen of niet, het is zo.

Onmisbaar in de keuken

Fleur de sel, mijn lievelingszout. Het is zacht en zilt. Veel zachter dan gewoon keuken-zout. Het wordt gewonnen uit zeezout dat in bekkens wordt gedroogd, de zoutkristallen worden nadien afgeschraapt. Daardoor krijgen ze hun typische structuur, een 'fleur de sel'. Heerlijk knisperig.

Zwarte peper uit de molen. Zwarte peper geeft een bijzonder pittige smaak aan gerechten en is ruwer en scherper, wat mij betreft karaktervoller, dan witte peper. Zwarte peper is een onrijp geoogste bes die bij het drogen bruin tot zwart wordt. Bovendien bevat zwarte peper verschillende werkzame stoffen, onder andere piperine, die bijdragen tot een goede spijsver-tering en die helpen bij de opname van sommige belangrijke stoffen, zoals curcumine uit kurkuma en de krachtige antioxidant co-enzym Q10. Ik gebruik dagelijks zwarte peper.

Extra vierge olijfolie. Er gaat niets boven een goede 'extra vierge olijfolie'. Ik koop elke keer extra vierge olie van andere olijven, op zoek naar nieuwe smaken en telkens kan ik het niet laten om er een lepel van te proeven. Heerlijk! Dat is voor mij de beste smaakmaker in de keuken en bovendien uitermate gezond.

Balsamicoazijn, samen met olijfolie de ideale smaakmaker. Balsamicoazijn komt uit Italië en wordt gemaakt van druivensap dat men in vaten laat rijpen. Daardoor krijgt het zijn typische smaak en kenmerken: zacht, stroperig, zoet en zuur. Hoe langer de rijping hoe lekkerder, maar ook hoe duurder.

Knoflook, ik zou overal knoflook bij doen! Ja, ik heb iets met kruiden. Ze maken gerechten niet alleen smaakvoller maar ook mooier. Het liefst plet ik het teentje, met het vlies er nog aan, met het lemmet van mijn mes en gaar ik het mee in stoofscho-tels. Bijzonder lekker en heel gezond. Knoflook is een van de krachtigste voedingsmid-delen tegen kanker.

Kurkuma, een gouden kruid. Het geeft een extra dimensie aan je gerechten op verschillende vlakken. De smaak is warm en kruidig, een beetje bitter. Het geeft een diepe, mooie gele kleur aan je gerechten en het is bijzonder gezond. Curcumine in kurkuma is een heel sterk ontstekingremmende stof, bovendien belemmert curcumine de groei van kankercellen. Kurkuma is familie van gember (ook heel lekker en gezond). In India wordt kurkuma al eeuwenlang gebruikt als smaakmaker én om lichamelijke aandoeningen te behandelen. Ik noem het mijn gouden kruid! Je kunt het proeven in een aantal gerechten die in dit boek staan. Kurkuma vind je in elke supermarkt.

Ik hou van het ontbijt, zoals ik hou van de zonsopgang op een mooie herfstdag.

Ontbijten als een koning

Ik hou van het ontbijt, zoals ik hou van de zonsopgang en de vogels die tegen het raam tikken. Ik moet wel toegeven dat ik elke ochtend verwend word, want het is Paul die meestal het ontbijt klaarmaakt. Mijn man is geen keukenpiet, maar hij is wel een grootmeester in het bereiden van heerlijke vruchtenschotels, die hij met liefde en toewijding klaarmaakt. Elke ochtend eet ik mijn buikje rond, ontbijt ik als een koning, verzet ik bergen fruit. Ik zou het echt niet meer kunnen missen. Ik voel me er beter door, heb meer energie en heb absoluut geen honger. Het is veel lekkerder en oneindig veel gezonder dan een broodmaaltijd.

Op de volgende pagina's geef ik je graag enkele van onze succesrecepten.
Mijn basisontbijt is fruit met yoghurt of kefir en zaden. Yoghurt en kefir bezorgen ons de nodige eiwitten en zijn heilzaam voor onze darmflora, zaden zijn een natuurlijke bron van gezonde vetten. Zo bevat lijnzaad omega 3-vetten en levert het de nodige vezels die onze darmen optimaal doen functioneren. In de winter maak ik graag warm fruit klaar.

Lekker, mooi en gezond. Dat zijn in drie woorden samengevat de kwaliteiten van een fruitontbijt. Maar het hoeft niet altijd fruit te zijn, een toast champignon of een spiegeleitje met tomatensaus zijn ook bijzonder lekker en bovendien een voedzaam ontbijt, maar fruit geniet absoluut mijn voorkeur.

Fruit biedt tal van voordelen:

- fruit bevat een uitzonderlijk hoog gehalte aan vitaminen en mineralen;
- het is bewezen dat verschillende fruitsoorten, zoals citrusvruchten, aardbeien en allerlei bessen, kankerwerende stoffen bevatten;
- fruit geeft je geleidelijk aan energie;
- een fruitontbijt geeft je geen opgeblazen, zwaar gevoel;
- fruit stimuleert de stofwisseling;
- fruit vergt geen ingewikkelde verteringsprocessen;
- fruitsuikers hebben een buitengewoon gunstige invloed op de werking van het hart;
- de mens is van nature uit een fruiteter;
- fruit bevat veel vezels waardoor het de darmwerking stimuleert;
- je mag veel fruit eten, als ontbijt eet ik een berg fruit;
- bovenal smaakt fruit heerlijk zoet en zacht.

TIP: **praktisch**

Je zult zien dat een fruitmaaltijd bereiden niet zoveel tijd in beslag neemt. Hoe vaker je het maakt, hoe handiger je erin wordt. Het liefst ga ik één keer per week naar de fruitmarkt en maak ik thuis een grote decoratieve fruitschaal. Is overschakelen op fruit een te grote stap voor jou? Begin dan met in het weekend fruit te eten. Je zult merken dat je vanzelf naar fruit begint te verlangen.

Belangrijk om te weten

Eet fruit altijd rijp

Dan is het licht verteerbaar en levert het de meeste mineralen en vitaminen. Van onrijp fruit kun je buikloop krijgen.

Eet fruit apart

Ideaal is als je fruit apart eet, dan verteert het fruit het best. Wacht na je fruitmaaltijd minstens 30 minuten voor je iets anders eet. Je mag het ook combineren met yoghurt, kefir, lichte kazen, noten en zaden. Maar zeker niet met zetmeel. Als je brood met fruit eet, krijg je gisting, er ontstaan niet alleen giftige stoffen, het zetmeel kan ook niet worden afgebroken tot bloedsuiker, waardoor het gemakkelijker wordt omgezet in vet. Fruit na de maaltijd is dus geen goede keuze. Als je het toch doet, wacht dan zo lang mogelijk; ideaal is drie uur wachten.

Bewaar fruit niet in de koelkast

Dan kan het niet goed rijpen en is het te koud en onaangenaam om te eten.

Eet voldoende fruit

Als je fruit alleen eet, kun je niet verdikken. Onthoud: hoe meer je ervan eet, des te gezonder! Geniet ervan! Heb je snel honger na een fruitontbijt, voeg dan banaan en avocado of noten, zaden en yoghurt toe.

Gedroogd fruit

Laat je het best een nacht weken in water of appelsap. Dat is beter voor de vertering en voor je bloedsuikerspiegel.

Gebakken banaan met room en walnoten

BEREIDING

Snijd de bananen in de lengte doormidden en bak ze in olijfolie, ongeveer 2-3 minuten aan elke kant. Giet de overtollige olie uit de pan, terwijl je de bananen tegenhoudt. Giet er nu een goede scheut room bij en laat even opkomen. Strooi er wat walnoten over.
Gewoon heerlijk!

TIP banaan

Bananen geven je veel energie en een instant 'goed gevoel'. Ze bevatten meerdere soorten koolhydraten, waardoor de aanvoer van suikers gelijkmatig is en je lang energie hebt.

Bananen zijn een goed middel tegen neerslachtigheid omdat er tryptofaan inzit, de basis voor serotonine, een stof die het lichaam helpen te ontspannen en een welzijnsgevoel veroorzaakt. Het is wel belangrijk dat je rijpe bananen eet, zodat het aanwezige zetmeel (dat minder goed verteert) al zo veel mogelijk is omgezet in suikers. Bovendien smaken die veel zoeter. Bananen maken niet dik, de suikers worden niet zo snel in vet omgezet, omdat bananen veel vezels bevatten. Tenzij je overdrijft en geen lichaamsbeweging hebt. Dit ontbijt is dus ideaal voor die koude dagen waarop je veel energie nodig hebt of net voor een fikse winterwandeling.

INGREDIËNTEN

2 rijpe bananen
room
walnoten
olijfolie

VOORBEREIDING

5 min.

GAARTIJD

10 min.

Wie dit ooit eet, maakt dit nog klaar, veel te lekker!

Toast champignon met een eierdooier

BEREIDING

Rooster de sneden brood. Maak de champignons schoon, snijd ze in vieren en bak ze in olijfolie. Kruid met peper en zout. Schik de champignons over het brood en leg in het midden een eierdooier.

TIP eierdooier

In eierdooiers zit vooral water en vet, in eiwit vooral water en eiwitten. De eierdooier reageert als een vet in het lichaam en mag daarom worden gecombineerd met brood/zetmeel.

Er is al heel wat geschreven over eieren en gezondheid. Een verse, rauwe eierdooier bevat meer vitaminen en mineralen dan welk soort voedsel ook. Daarom eet ik regelmatig een rauwe eierdooier, zoals hier bij een toast champignon of bij groenten als sausje en ik voel me daar goed bij. Eieren bevatten (goede) cholesterol en vitamine D. Cholesterol is onmisbaar, de geslachtshormonen worden ervan gemaakt en een deel van de hersenen is opgebouwd uit cholesterol. Eieren passen absoluut thuis in gezonde voeding.

INGREDIËNTEN

250 g champignons
2 sneden brood
2 eierdooiers
olijfolie

VOORBEREIDING

10 min.

GAARTIJD

10 min.

Heerlijk met dat sausje van eigeel

De komijn en de kurkuma
geven een heerlijk oosterse
toets aan het gerechtje.

Spiegelei met tomaten

BEREIDING

Versnipper de knoflook en de ui en stoof ze in een scheut olijfolie tot ze glazig zijn.
Doe er de kurkuma en de komijn bij en roerbak 2 minuten.

Voeg er de tomaten aan toe en kruid met zwarte peper en zout. Laat een kwartier stoven tot het mengsel dikt.

Druk vier kuiltjes in de dikke tomatensaus en breek hierin voorzichtig een ei. Laat de pan nog even op het vuur staan tot het eiwit is gestold.

TIP kurkuma of geelwortel

Is familie van de gemberplant, ook wel het goedkope saffraan genoemd. Het kleurt niet alleen gerechten maar geeft er ook een eigen, milde, warme aromatische smaak aan. Het is bijvoorbeeld het voornaamste bestanddeel van kerrie. In Azië kent men al langer de heilzame werking van kurkuma. Het bevat de kankerremmende stof curcumine, geen ander ingrediënt in de keuken is zo ontstekingsremmend. Om goed door het lichaam te kunnen worden opgenomen is het belangrijk dat je kurkuma eerst oplost in olie en dat je er zwarte peper aan toevoegt, dat verhoogt de opname van curcumine spectaculair. Kurkuma is makkelijk te verkrijgen.

TIP komijn

Of je bent er verzot op of je houdt er helemaal niet van. Het heeft een sterke nootachtige smaak. Het wordt vooral in stoofpotjes en kerrieschotels gebruikt. Het is heel populair in de Indiase en Indonesische keuken en begint ook stilaan bij ons in trek te geraken. Zowel gemalen komijn als komijnzaadjes zijn vrij gemakkelijk te verkrijgen. Het aroma van komijn ontwikkelt zich nog beter als je het meteen meebakt in de olijfolie (of zelfs in een droge pan eerst even verhit). Komijn bevordert de spijsvertering en is goed tegen krampen.

INGREDIËNTEN

4 eieren

1 groot blik tomaten

1 grote ui

2 teentjes knoflook

1 theelepel kurkuma

1 theelepel komijn

olijfolie

zwarte peper

VOORBEREIDING

10 min.

GAARTIJD

20 min.

Vers, geweekt en gaar fruit met gember en kaneel

BEREIDING

Laat de pruimen en de abrikozen een nacht weken in appelsap (leg ze in een kommetje en giet dat vol appelsap, zodat ze helemaal onderstaan, zet weg in de koelkast).

Snijd de appel en de peer in kleine stukken (haal het klokhuis eruit). De schil mag eraan blijven, zoals je wenst. Leg ze een 15-tal minuten in een warme oven van 180°C of als het 's morgens snel moet gaan een paar minuten in de magnetron tot de appel en peer gaar zijn. Haal ze eruit en kruid met het gember- en kaneelpoeder. Roer alles goed om.

Terwijl de appel en de peer in de oven/magnetron staan, kun je de andere vruchten in grote stukken snijden, ook de geweekte pruimen en abrikozen.

Doe nu alle fruit in een kom en overgiet met het appelsap waarin de pruimen hebben geweekt. Mmm, overheerlijk!

TIP geweekte pruimen

Het is altijd beter om gedroogd fruit eerst te weken. Gedroogd fruit heeft een hogere glycemische index (grotere negatieve invloed op je bloedsuikerspiegel) en bovendien verteert het beter als het is geweekt.

TIP rijpe ananas en rijpe mango

Eet nooit onrijp fruit. Ananas moet zoet ruiken en goudkleurig zijn, zeker niet groen. Onrijpe ananas zal irriteren, al bij de eerste hap in de mond.
Mango is een van mijn lievelingsvruchten, zacht, zoet en overheerlijk! Als een mango hard aanvoelt, is hij onrijp. Laat hem dan nog een paar dagen liggen tot hij zacht aanvoelt.

INGREDIËNTEN

appel

peer

mango

zoete ananas

banaan

gedroogde pruimen en
   abrikozen

appelsap

gemberpoeder

kaneelpoeder

WEKEN

1 nacht

VOORBEREIDING

15 min.

GAARTIJD

3 of 15 min.

Verwarmend fruit voor die koele winterdagen

Kaki met rijpe banaan, vijgen, yoghurt en granaatappel

BEREIDING

Snijd de vruchten in grote stukken en verdeel ze over twee kommetjes.
Leg er eerst de kaki in, dan de banaan, lepel er de yoghurt over en voeg
dan de vijgen toe.
Breek de granaatappel open, haal de pitten eruit en strooi ze over het
geheel.

TIP rijpe bananen

Als je bananen laat rijpen, wordt het zetmeel omgezet in suikers. Zo
zijn ze beter verteerbaar en smaken ze zacht en zoeter. Een tip: leg de
bananen vanaf de avond ervoor op de verwarming. De schil kleurt
dan wel bruin, misschien niet zo aantrekkelijk, maar wel overheerlijk.
Banaan is ook een van de meest vullende vruchten.

TIP rijpe vruchten

Een kaki is rijp als hij zacht aanvoelt, zoals een overrijpe tomaat. Ook
de vijgen moeten bloedrood zijn vanbinnen. Denk eraan: fruit dat niet
rijp is, heeft geen smaak en verteert moeilijk.

INGREDIËNTEN

2 rijpe bananen
2 rijpe kaki's
3 rijpe vijgen
granaatappel
4 eetlepels yoghurt

VOORBEREIDING
15 min.
GAARTIJD
geen

Een zachte, zoete moes van rijpe vruchten

Verse vijgen met ricotta en amandelschijfjes

BEREIDING

Snijd de vijgen in vieren, maar let op, niet helemaal tot beneden! Neem twee vuurvaste kommetjes en zet de vijgen erin. Plooi ze bovenaan open en vul ze met ricotta. Strooi er de amandelschilfers over en zet ze een 15-tal minuten in de oven op 180°C.

TIP vijgen

De vijgen moeten wel rijp en bloedrood zijn vanbinnen. Onrijpe vijgen hebben geen smaak! Het seizoen loopt van september tot november.

INGREDIËNTEN

6 rijpe, blauwe vijgen
potje ricotta
amandelschilfers

VOORBEREIDING

5 min.

GAARTIJD

15 min.

Een van mijn lievelingsontbijten, onwaarschijnlijk lekker

Fruit met yoghurt en zaden

BEREIDING

Snijd het fruit in stukken en leg het in kommen. Lepel er in het midden yoghurt over en strooi daarover een mengsel van zaden.

TIP **zaden**

Zaden smaken heerlijk en ze zitten boordevol goede vetten, vitaminen en mineralen. Ze zijn een rijke bron van de vitamine B-groep (behalve B12) en vitamine E en ze bevatten veel magnesium en calcium. Lijnzaad bevat de gerenommeerde omega 3-vetzuren. Ik beschouw ze echt als antiziektepillen. Door de vele vezels hebben zaden een gunstige werking op de darmen.

Ik koop verschillende zaden, stop die in een pot die ik goed kan afsluiten en zet die zo in de kast. Elke ochtend neem ik 3 tot 4 eetlepels zaden per portie fruit. Snel klaar en lekker!

TIP **yoghurt**

Je kunt de yoghurt vervangen door kefir. Beide zijn als het ware natuurlijke antibiotica. Yoghurt en vooral kefir maken je darmen schoon en voorzien ze van goede bacteriën waardoor je weerstand verbetert. In 1947 noemde de Nederlandse scheikundige en bacterioloog dr. Wagenaar yoghurt al 'het conserveermiddel tegen ouderdom'.

TIP **granaatappelsap**

Op de foto zie je twee glazen met heerlijk granaatappelsap. In Turkije heb ik voor het eerst die goddelijke drank gedronken. Echt heerlijk en heel gezond. Ik gebruik hiervoor een gewone fruitpers. Je moet wel harder duwen!

INGREDIËNTEN

Gemengd fruit zoals:

ananas

sinaasappel

kaki

pruimen

Gemengde zaden zoals:

pompoenpitten

zonnebloempitten

lijnzaad

sesamzaad

ongezoete yoghurt

VOORBEREIDING

15 min.

GAARTIJD

geen

Wat voor velen een dessert is,
is voor mij mijn basisontbijt.

Wat je wilt weten over brood

Als we een bakkerij binnengaan voelen we ons als een kind in een snoepwinkel. Maar wat draagt brood bij tot ons 'goed voelen'? Granen maakten geen deel uit van ons oerdieet[1]. We zijn pas granen beginnen eten toen de landbouw ontstond. Granen zijn in de eerste plaats voedsel voor vee. Het zijn herkauwers en hun darmstelsel is ook veel langer dan dat van de mens. Granen in hun oorspronkelijke vorm zijn niet verteerbaar voor de mens. Daarom moeten granen eerst gemalen, tot deeg gekneed en gebakken worden, wil het enigszins verteerbaar zijn. Bovendien geven de aanwezige gluten (een eiwitsoort) in vooral tarwe vaak aanleiding tot allergische reacties.

Als er al iets goeds zit in granen, gaat het bovendien verloren door de industriële raffinage. De meeste vitaminen, mineralen en vezels zitten in de zemelen en de kiemen van het graan en die gaan jammer genoeg verloren door het raffinageproces, waardoor enkel het gemakkelijk te verteren zetmeel overblijft. Dat leidt tot een snelle stijging van de bloedsuikerspiegel. Vooral witbrood brengt ons niets bij, integendeel! Witbrood en gebak zitten ook vol snelle suikers en slechte vetten, waarvan meermaals is aangetoond dat dit verslavend werkt.

Als je toch brood wilt eten, ga dan opzoek naar brood met meer vezels. Hoe fijner het meel, hoe sneller de bloedsuikerspiegel stijgt (en hoe minder gunstig). Het beste brood wordt gemaakt van grove graansoorten. Een tip is: hoe zwaarder het brood, hoe beter. Veel van de donkere broodsoorten bevatten toch nog een hoog gehalte aan fijne witte bloem. Dus laat je niet misleiden door de kleur. Zoek naar met de steen gemalen meel. Dit bevat nog vezels en andere waardevolle voedingsstoffen. Toevoeging van noten en zaden maakt brood gezonder.

---

[1] Professor Muskiet, *Evolutionaire geneeskunde*

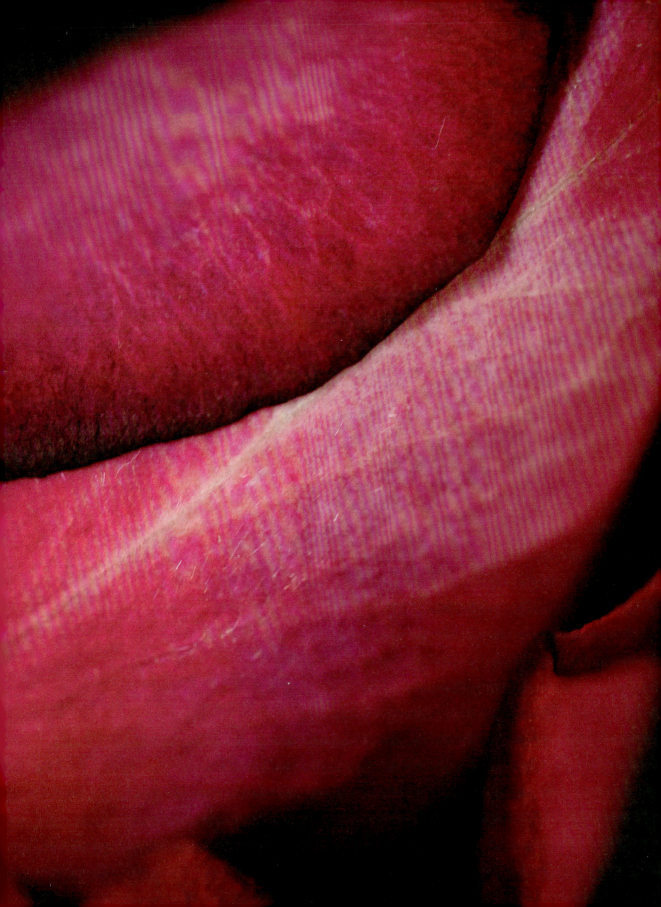

Geen romantisch etentje
zonder kaarsen of bloemen.
De juiste sfeer scheppen is
de helft van de voldoening.
Eten is een totaalbelevenis,
elke zintuig wordt
ingeschakeld.

Je gasten zullen je fantasie of je originaliteit bewonderen. Niet het aantal uren dat je in de keuken hebt staan zwoegen.

Hapjes vormen het openingsritueel ...

Wie bij mij binnenstapt, moet weten dat hij welkom is. Een aperitiefje en een hapje zetten meteen de toon, het is als het ware het openingsritueel van een gezellige en geslaagde avond. De gasten weten zich meteen een houding aan te nemen, ze hebben iets te doen en de gastvrouw/gastheer heeft iets te bieden.

Hapjes die je als gastvrouw zelf hebt bereid, maken meteen duidelijk dat je je geen moeite hebt bespaard om het de gasten naar hun zin te maken. Ze voelen zich meteen welkom. Belangrijk is dat je ze zelf hebt bereid, niet dat ze ingewikkeld zijn of vergezocht. Integendeel! Verspil niet al je krachten aan de hapjes. Jij staat er alleen voor. Creativiteit en eenvoud gaan vaak samen.

Ik vind het ook heel gezellig om het aperitief in de keuken te serveren terwijl ik nog de laatste hand leg aan een hapje, bijvoorbeeld 'Mosselen met een kruidenvinaigrette'. De vinaigrette maak je op voorhand en de mosselen kun je al stomen zodat je alleen nog het sausje op de mosselen moet lepelen en ze even onder de grill moet plaatsen terwijl de gasten er zijn. Het schept meteen een intieme gezelligheid die je zelfs in een restaurant niet kunt vinden. Bovendien mis je op die manier als gastvrouw geen minuut van je gezelschap.

Hapjes moeten natuurlijk ook gezond zijn en het liefst licht. Na de hapjes volgt het belangrijkste en het is beter dat je gasten niet met een volle maag aan de maaltijd beginnen. De Engelsen noemen een hapje niet voor niets een 'appetizer', een gerechtje om je meer zin te laten krijgen in al het lekkers dat nog volgt. Want als je hapje de gasten bevalt, zullen ze nog meer uitkijken naar wat je hebt klaargemaakt.

De hapjes die ik voor u heb geselecteerd, zijn allemaal origineel, eenvoudig te bereiden, gezond en vooral heel lekker.

Groenten op een stokje

BEREIDING

Was de groenten, je hoeft ze niet te schillen. Snijd ze in gelijkmatige stukken.
Plet de teentjes knoflook onder het lemmet van een groot mes.

Leg alles in een vuurvaste braadslede, ook de laurier. Kruid met peper en zout.
Giet er een flinke scheut olijfolie over en een flinke scheut balsamico. Roer alles goed om.
Dek de braadslede af met aluminiumfolie en zet 1 uur in de oven op 180°C.

Prik verschillende groenten op een stokje, ook de knoflook en de laurier.

TIP recept
Dit recept staat op de cover.

INGREDIËNTEN

1 rode biet

1 zoete aardappel

1 kleine pompoen

10 teentjes knoflook

10 gedroogde blaadjes
   laurier

olijfolie

balsamicoazijn

VOORBEREIDING
 15 min.
GAARTIJD
 1 uur

*De geur van mijn 'groentensatés'
verleidt iedereen.*

Scampiballetjes met verse kruiden

BEREIDING

Maak de champignons schoon en snijd ze in kleine kubusjes. Stoof ze gaar in olijfolie en voeg wat peper en zout toe.

Pel de scampi en snijd ze in grote stukken. De knoflook en de kruiden snijd je heel fijn.

Voeg alles samen in een blender: de scampi, de knoflook, de kruiden en de gebakken champignons. Kruid met peper en zout. Giet er een grote scheut olijfolie bij en mix. Er mag nog wat structuur in zitten, denk aan de structuur van gehakt. Zie vooral dat alles goed gemengd is.

Rol met de hand balletjes en leg ze op een ovenplaat. Leg ze 15 minuten in een warme oven van 180°C.

TIP champignons
Het zijn de gebakken champignons die het hapje smeuïg houden, zodat het niet te droog wordt.

INGREDIËNTEN

500 g scampi
10 champignons

verse kruiden, zoals dille,
    basilicum, peterselie
2 teentjes knoflook
olijfolie

VOORBEREIDING
 20 min.
GAARTIJD
 20 min.

Mijn scampiballetjes hebben altijd het meeste succes.

Briouats met groenten

BEREIDING

Rasp alle groenten met een mandoline of snijd ze fijn. Versnipper de knoflook.

Stoof eerst de knoflook en de ui gaar in wat olijfolie en voeg de kurkuma en zwarte peper toe. Roer goed. Meng er nu de andere groenten onder en bak op een zacht vuur tot alles gaar is. Pas op het laatste voeg je de versnipperde, verse kruiden toe.

Schep het groentemengsel op het brickdeeg, vouw het deeg dicht en plak het dicht met de eierdooier. Zie de foto's en de tip.
Bestrijk de briouats met wat olijfolie en leg ze 10 minuten in een warme oven van 180°C.

Maak dan het slaatje. Rasp de wortelen en meng ze met de ras el hanout en een beetje olijfolie en citroensap. Kneed alles stevig met de handen zodat de smaken goed mengen en de wortelen zacht worden.

TIP kurkuma zie Spiegelei met tomaten, pagina 41

TIP ras el hanout
Dit is een Noord-Afrikaans kruidenmengsel en de naam betekent 'het beste van de winkel'. Elke winkel in Noord-Afrika heeft zowat zijn eigen mengsel. Maar geen paniek, je kunt het kruidenmengsel in de supermarkt kopen. De belangrijkste specerijen die erin zitten zijn kaneel, gember, koriander, Spaanse peper, nootmuskaat, kruidnagel ... allemaal mijn lievelingskruiden! De geur en smaak zijn zo intens dat ik het zowat overal in zou willen verwerken. Ras el hanout is ook heerlijk bij kip en vis of in marinades.

INGREDIËNTEN

2 wortelen
1 courgette
1 ui
brickdeeg
1 eierdooier

2 teentjes knoflook
1 theelepel kurkuma
zwarte peper
verse kruiden, zoals peterselie, koriander
olijfolie

slaatje:
2 wortelen
1 theelepel ras el hanout
olijfolie
citroen

VOORBEREIDING
20 min.
GAARTIJD
20 min.

Heerlijk als hapje of als tussendoortje

Mosselen met een kruiden-vinaigrette

BEREIDING

Het sausje is heel eenvoudig te bereiden: doe de koriander, het teentje knoflook, de olijfolie en de azijn in een cutter en mix tot je een gladde massa hebt. Als het sausje te dik is, doe je er nog wat olie bij.

Maak de mosselen schoon en stoom ze kort tot ze opengaan. Haal de lege schelp eraf en leg de schelp met de mossel op een vuurvast bord of pannetje. Lepel op elke mossel wat van het sausje en zet nog even onder de gril.

TIP lapas

Dit gerecht is geïnspireerd op een typische en heerlijke tapa van Lanzarote, een van de Canarische eilanden. Daar gebruiken ze lapas, een lokale, kleine schelp. Je kunt hierop natuurlijk variëren en bijvoorbeeld venusschelpen gebruiken.

TIP koriander

Ofwel hou je van koriander ofwel niet, alsof er geen tussenweg is. Wie geen koriander lust, kan andere verse kruiden gebruiken, zoals dille of peterselie.

INGREDIËNTEN

een tiental mosselen
2 bosjes koriander

1 teentje knoflook
1 eetlepel wijnazijn
5 eetlepels olijfolie

VOORBEREIDING
15 min.

GAARTIJD
15 min.

Een lekker hapje waarmee je zeker scoort!

Ik creëer graag mijn
eigen wereld.

Bij etentjes staat Paul zoals gewoonlijk in voor de drank.

Koken voor vrienden

*Eigenlijk gaat het niet zozeer om het eten
maar om de mensen rond de tafel.*

V rienden uitnodigen voor een feestje, is het liefste wat ik doe. Aan tafel kun je een echt gesprek voeren waaraan je in deze drukke tijden anders niet toekomt. Eigenlijk gaat het niet zozeer om het eten maar om de mensen rond de tafel. Het eten is het bindmiddel. Maar toch, hoe geslaagder het eten, hoe geslaagder de gezelligheid en de babbels. Het eten bepaalt mee de sfeer en de gesprekken die daaruit voortvloeien.

Ik kook graag, dat is waar, maar vooral omdat ik een doel voor ogen heb: gezellig met mijn vrienden aan tafel zitten of een romantisch dinertje met mijn man. Ik ben niet het type dat de hele avond in de keuken verdwijnt terwijl de rest zich amuseert. Ik wil bij het plezier zijn! Dat is misschien wel de belangrijkste reden dat ik graag kook. Op die manier lok ik situaties uit die ik op de eerste plaats zelf graag heb. Zo creëer ik een beetje mijn eigen wereld.

Ik bedenk speciaal gerechten waaraan ik zo weinig mogelijk werk heb op de avond zelf. Recepten die je grotendeels op voorhand kunt klaarmaken of die je alleen nog in de oven moet zetten. En vind je borden dresseren te tijdrovend of stresserend, zet dan de ovenschotel op tafel, voorwaarde is wel dat het een mooie ovenschotel is. Ik vind het een bijzonder huiselijke warmte uitstralen als je je vrienden aan tafel bedient. Het schept meteen een gezellige, ongedwongen sfeer.

Als ik tijd heb, leef ik me helemaal uit in het creëren van een bepaalde sfeer.
's Nachts als ik niet kan slapen, komen meestal de ideeën. Zo wou ik een feestje buiten op een koude maar mooie herfstdag. Met allemaal stormlampjes in de boom en een vuurtje om ons gezellig aan te verwarmen. En zo geschiedde ... Paul stond zoals gewoonlijk in voor de drank, ik maakte heerlijke hapjes klaar en samen genoten we met onze gasten tot een goed stuk in de nacht. Het was heel fijn!

Het allerbelangrijkste is de voorbereiding

De gerechten op de volgende pagina's zijn ideaal om te serveren als je vrienden uitnodigt. Het meeste werk kun je op voorhand doen of het zijn gewoon recepten waaraan weinig werk is, maar die toch heel verrassend zijn. Zo heb je amper werk met de auberginekaviaar en toch is het een van de gerechten waarover ik de meeste complimentjes krijg.

Boven aan de pagina zie je hoeveel werk er op voorhand aan is en hoeveel tijd je er nog aan moet besteden als je vrienden er zijn.
Een gouden tip is een kookwekker. Zeker voor gerechten die in de oven moeten. Je zet gewoon je wekker en je kunt weer gezellig bij je vrienden gaan zitten.

Ik wens je veel bijzonder leuke feestjes en vooral dat je zelf veel mag genieten!

Auberginekaviaar

BEREIDING

Als de gasten er zijn

Prik met een naald een aantal gaatjes in de aubergines. Leg ze 60 minuten in een oven op 180°C.

Haal ze uit de oven zodra ze gaar zijn en snijd ze overlangs door. Giet er wat truffelolie op en kruid met peper en fleur de sel.

TIP

Het is belangrijk dat je kleine gaatjes prikt in de aubergines, anders zou het wel eens kunnen dat ze ontploffen in de oven, zoals ik al eens heb meegemaakt!

TIP

De auberginekaviaar is ook heel lekker koud. Je kunt die dus op voorhand klaarmaken en dan heb je helemaal geen werk meer als je gasten er zijn.

INGREDIËNTEN

2 aubergines
truffelolie
peper
fleur de sel

VOORBEREIDING

geen

ALS DE GASTEN ER ZIJN

Nog 1 uur in de oven en 2 min. werk

Dit is een van mijn lievelingsrecepten: zo puur en sensueel. En helemaal geen werk.

Tartaar van tomaten

BEREIDING

Ontvel de tomaten (zie tip) en ontpit ze. Doe dit boven een zeef, zodat je het vocht kunt opvangen, dat hebben we straks nodig.

Snijd het tomatenvlees in blokjes. Houd 2 eetlepels tomatenblokjes apart voor de afwerking. Ook de gedroogde kwartjes snijd je in stukjes. Doe alles in een kom, meng en kruid met peper en zout.

Stoof de helft van dit tomatenmengsel een zestal minuten in wat olijf-olie. Voeg de gestoofde en de rauwe tomaten samen. Het is net die mengeling van rauw en gaar die het rijkelijk maakt.

Neem een diep bord, zet er een keukenring in en lepel het tomaten-mengsel erin. Zet in de koelkast. (Stapel de borden op elkaar, op de keukenringen.) Het sap van de tomaten dat je hebt opgevangen, zetten we ook in de koelkast.

Als de gasten er zijn
Haal de borden uit de koelkast en verdeel het tomatensap over de bor-den. Lepel in elk bord 1 eetlepel olijfolie en 1 eetlepel balsamicoazijn over het sap. Werk af met wat tomatenblokjes en wat peper en zout.

TIP tomaten ontvellen
Tomaten ontvellen is heel eenvoudig op de volgende wijze: maak een inkerving in de vorm van een kruis onder aan de tomaat. Je mag niet te diep snijden, maar je moet wel door het vel zitten. Leg de tomaten in kokend water, je zult zien dat na een paar minuten het vel begint los te komen en op te krullen. Dit is het moment om ze eruit te halen. Nu kun je het vel er met een schilmesje gemakkelijk afhalen.

INGREDIËNTEN

6 rijpe tomaten

6 kwartjes zongedroogde
   tomaat (in olie)

olijfolie

balsamicoazijn

VOORBEREIDING
 25 min.

GAARTIJD
 6 min.

ALS DE GASTEN ER ZIJN
Nog 10 min. werk

Rauwe, gare en zongedroogde tomaten samen

Vis verpakt in savooikool met verse kruiden

BEREIDING

Breng een grote pan met water en een beetje zout aan de kook. Blancheer hierin de savooikoolbladeren. Haal ze eruit en houd het water bij.

Snijd alle kruiden fijn, meng ze met olijfolie en kruid met peper en zout.

Neem een blad savooikool, leg hierop een eetlepel verse kruiden, daarop leg je de vis en op de vis schep je nog eens een eetlepel verse kruiden. Vouw het blad dicht (zie tip). Zet in de koelkast.

Maak het sausje. Snijd de bosuitjes fijn en doe ze in een kommetje. Giet er het limoensap, een scheut olijfolie en een scheut sojasaus bij. Kruid met peper en zout.

Als de gasten er zijn

Stoom de pakjes 25 minuten boven het water waarin je de savooikool hebt geblancheerd (zie tip). Leg een pakje in het midden van een bord en dresseer het sausje erover.

TIP savooibladeren

Als de bladeren van de savooikool te klein zijn, gebruik je twee bladeren, één voor boven en één voor beneden. Houd het geheel samen met houten prikkertjes.

TIP stomen

Als je geen stomer hebt, leg je de pakjes in een zeef en hang je deze in de pan waarin je de savooibladeren hebt geblancheerd. Zet er een groot deksel op, zodat de warmte in de pan blijft.

INGREDIËNTEN

witte vis, 2 x 200 g (bv. kabeljauw en roodbaars)
olijfolie
4 grote bladeren savooikool
2 volle handen verse kruiden: dille, basilicum, bladpeterselie

Sausje:
2 bosuitjes
sojasaus
sap van 1/2 limoen
olijfolie

VOORBEREIDING
20 min.
ALS DE GASTEN ER ZIJN
Nog 25 min. stomen en 5 min. werk

Heel lekker en bijzonder mooi

Zalm met warme olijven en tomaatjes

BEREIDING

Neem een vuurvast kommetje. Leg hierin de tomaatjes en de olijven en kruid ze met peper en zout. Giet er een goede scheut olijfolie en een goede scheut balsamicoazijn over (verhouding 1:1), zodat het geheel voor een derde onderstaat. Zet het opzij.

Kruid de zalmfilets met tijm, peper en zout. Zet ze in de koelkast.

Als de gasten er zijn

Zet de tomaatjes met de olijven 25 minuten in een warme oven van 180°C. Leg de zalm er de laatste 10 minuten bij.

Dresseer de groentemengeling naast de visfilet. Het heerlijke warme sap van de gare tomaten, de olijven, de balsamicoazijn en de olijfolie is meteen ook het onweerstaanbare sausje.

TIP welke olijven?

De regel is eenvoudig: alle olijven kunnen, als je ze maar lekker vindt! Dus proef eerst van de olijven!

TIP zalm

Je kunt de vis ook kort aan beide kanten bakken in een pan, zodat de zalm binnenin nog rauw is. Misschien iets meer werk, maar het loont de moeite.

INGREDIËNTEN

2 zalmfilets
een handvol kleine
  tomaatjes
een handvol olijven

olijfolie
balsamicoazijn
tijm

VOORBEREIDING

10 min.

ALS DE GASTEN ER ZIJN

Nog 25 min. in de oven
en 10 min. werk

Dit is een van mijn toprecepten. Weinig werk en zo verrassend: met zachte, zoete olijven.

Zwaardvis met tomaatjes en een sausje van ansjovis en kappertjes

BEREIDING

Leg de zwaardvisfilets in een vuurvaste schotel. Snijd de ansjovisfilets in stukjes. Versnipper de knoflook. Halveer de tomaatjes.

Doe alles samen in een kom: de ansjovis, de knoflook, de kappertjes, de tomaatjes, het citroensap en een flinke scheut olijfolie. Kruid met peper (zout hoeft niet, de ansjovis is al zout) en meng goed. Giet alles over de vis.

Zet weg in de koelkast (hoe langer hoe beter, dan kan de vis marineren).

Als de gasten er zijn

Zet de schotel 15 tot 20 minuten in een warme oven van 180°C.

INGREDIËNTEN

2 zwaardvisfilets

6 ansjovisfilets

2 eetlepels kappertjes

8 kleine tomaatjes

1 teentje knoflook

sap van 2 citroenen

olijfolie

VOORBEREIDING

15 min. werk

ALS DE GASTEN ER ZIJN

Nog 20 min. in de oven

Het heerlijke sausje maakt het verschil.

Gebakken groenten met kurkuma en goudakaas

BEREIDING

Snijd de knoflook fijn en de groenten in julienne. Stoof eerst de knoflook in een goede scheut olie. Voeg er de kurkuma en zwarte peper aan toe. Nadien volgen de groenten. Leg een deksel op de pan en laat zachtjes stoven tot alle groenten gaar zijn. Zet opzij.

Als de gasten er zijn

Warm de groenten (onder aluminiumfolie) 15 tot 20 minuten op in een warme oven van 180°C (zie tip).

Leg een plakje kaas op een bord, schep daarop de warme groenten, weer een plakje kaas en weer groenten. Eindig met een plakje kaas. Strooi er wat sesamzaadjes en walnoten over. Werk af met balsamicosiroop.

TIP opwarmen in de oven

Natuurlijk kun je de groenten ook opwarmen in de pan, maar daar heb je meer werk aan en je moet erbij blijven. In een zachte oven en onder aluminiumfolie kan er niets mislopen en volstaat het om je kookwekkertje te zetten.

TIP kurkuma zie Spiegelei met tomaten pagina 41.

INGREDIËNTEN

6 dunne plakjes belegen of
   jonge goudakaas
1 stengel prei
1 wortel
1 courgette
1 aubergine
1 groene Spaanse peper

knoflook
1 theelepel kurkuma
olie
zwarte peper
walnoten
sesamzaadjes
balsamicosiroop

VOORBEREIDING
 15 min.
GAARTIJD
 20 min.
ALS DE GASTEN ER ZIJN
 Nog 15 min. in de oven
 en 15 min. afwerken

Een zalige,
winterse schotel,
ideaal voor als je
vrienden uitnodigt

Lamsbout met tomaat, wortelen en pompoen

BEREIDING

Snijd de teentjes knoflook in de lengte in vieren, zodat je lange pijltjes krijgt. Steek met een scherp mes diepe gaten in het vlees en stop er de knoflook in. Snijd de pompoen, de wortelen en de ui in grove stukken.

Neem een grote vuurvaste schotel met deksel en bak hierin de lamsbout aan alle kanten bruin in olijfolie. Laat het vet niet verbranden! Haal de lamsbout uit de schotel.

Stoof nu de ui glazig in diezelfde schotel. Voeg het blik tomaten toe. Vul het blik half met water en giet dat in de schotel. Giet er ook het glas rode wijn bij en voeg de wortelen toe. Kruid met peper en zout.

Leg de rozemarijn in het midden van de schotel en leg hierop de lamsbout. Leg het deksel op de pot. Zet de pot en de stukken pompoen opzij.

Als de gasten er zijn

Zet de schotel in een warme oven van 180°C. Reken op ongeveer een uur. Voeg 30 minuten voor het einde de blokjes pompoen toe.
Zodra de lamsbout gaar is, haal je hem uit de schotel. Snijd het vlees in plakjes en leg het weer in de schotel.

TIP hoelang moet een lamsbout in de oven staan?

Lamsbout smaakt het beste als het rosé gebakken is. Het is niet zo eenvoudig te zeggen hoelang precies een lamsbout in de oven moet staan, dat is afhankelijk van veel factoren:
- met bot duurt het langer;
- hoe lager de temperatuur, hoe malser het vlees (je kunt lamsvlees ook heel traag garen, bijvoorbeeld 8 uur op 80°C);
- hoe groter de lamsbout, hoe langer de gaartijd;
- in een heteluchtoven gaat het sneller dan in een gasoven. Voor een lamsbout van ongeveer 1,5 kg met bout reken ik ongeveer een klein uur op 180°C. Wie echt zeker wilt zijn dat het vlees rosé is, werkt best met een kerntemperatuurmeter. Als het vlees binnenin 55-60°C is, is het rosé.

INGREDIËNTEN
(voor 4 personen)
1 lamsbout van ca. 1,5 kg (vraag de slager om het been los te snijden en het er weer in te stoppen)
1 groot blik gepelde tomaten
1 glas rode wijn
1 grote ui
8 dunne wortelen
400 g pompoen

8 teentjes knoflook
olijfolie
1 bosje rozemarijn

VOORBEREIDING
20 min.
GAARTIJD
10 min.
ALS DE GASTEN ER ZIJN
Nog 1 uur in de oven en 10 min. werk

De lekkerste en bekendste
aardappelen van de
Canarische eilanden

Papas arrugadas of verrimpelde aardappelen

BEREIDING

Dit recept lukt het beste met een vastkokende aardappel. Zoek de kleine aardappelen eruit en was ze goed. Laat de schil eraan.

Doe de aardappelen in een pot en zet ze net onder water. Strooi er het grof zeezout over en breng aan de kook. Afhankelijk van de grootte laat je ze 10 tot 15 minuten koken.

Prik even in de aardappelen met een vork om te zien of ze gaar zijn. Ze zijn op hun best als ze nog stevig zijn, zeker bij dit recept. Giet het water af.
Nu komt de truc: zet ze nog heel even op een laag vuur, zodat het water verdampt en ze beginnen te rimpelen. Blijf erbij en schud de aardappelen af en toe naar boven, zodat ze niet verbranden. Houd ze warm in een zachte oven (50-80°C) tot je ze nodig hebt. Het voordeel is dat ze dan nog meer hun typische uiterlijk krijgen van 'papas arrugadas'.

TIP 'papas arrugadas'

Papas arrugadas, wat zoveel betekent als 'gerimpelde aardappelen', is een typische bereiding van de Canarische eilanden. Men gebruikt een lokale, vaste aardappel die met de schil en heel veel zeezout wordt gekookt en meestal wordt geserveerd met '*mojo rojo*', een heerlijk sausje van rode, Spaanse pepers. De herkomst is terug te vinden in het feit dat er vroeger heel weinig zoet water was op de eilanden. Om water te besparen, kookten ze de aardappelen in zeewater. Door het zout krijgt de aardappel zijn typische gerimpelde uiterlijk. Gebruik nooit gewoon keukenzout, want dan smaken de aardappelen brak.

TIP aardappelen op tafel of niet?

Als je volgens een goede, verteerbare combinatie wilt eten, passen aardappelen niet bij vis- of vleesgerechten. Maar als ik gasten uitnodig, zal ik altijd mijn geliefde 'papas arrugadas' op tafel zetten. Ik zal nooit iemand overtuigen om volgens mijn gezonde voedingsprincipes te eten. Ik laat mijn enthousiasme over mijn manier van eten zijn werk doen.

INGREDIËNTEN

1 kg vastkokende, kleine aardappelen, bv. krieltjes
3 volle handen grof zeezout

VOORBEREIDING

5 min.

NET VOOR DE GASTEN ER ZIJN

15 min.

Geen feest zonder romantiek

Het is feest

Een traditie die ik in ere wil houden

Op het einde van het jaar lijkt het of iedereen gelukkiger is. Het is een periode van feesten, geschenkjes geven en krijgen, romantische sferen, champagne en luxe, en ook wel van een beetje overdaad. In geen enkele andere periode van het jaar vind je zoveel culinaire luxeartikelen uitgestald: kreeft, oesters, champagne, kaviaar ... Voor iemand die graag kookt is het werkelijk feest!

24 december is voor ons een bijzondere dag, niet zozeer omdat het kerst is, het is intussen een goede gewoonte geworden om thuis een romantische avond te organiseren met ons tweetjes. We bedenken een heerlijk, uitgebreid menu, creëren een speciale, romantische sfeer en halen onze beste wijn boven. De hele dag staat in het teken van die avond. Soms ben ik dagenlang op zoek naar spullen om weer eens een andere intieme sfeer in ons huis te creëren. Toegegeven, het huis is dan soms wat overladen, maar tijdens die dagen mag alles er een beetje over zijn, ten slotte is het maar tijdelijk.

's Morgens doen we alle inkopen en vanaf 's middag staan we samen in de keuken. Heerlijk vind ik dat! Niets gaat er boven romantiek in de keuken. Eten klaarmaken is een heel sensuele bezigheid, zeker als je met z'n tweeën in de keuken staat. Zodra de 'mise-en-place' is gebeurd, nemen we uitgebreid de tijd om ons klaar te maken. Het beste pak en de mooiste jurk worden bovengehaald, ik tut me op alsof ik naar een galabal ga.
Ik zweer bij kaarsen en vermoed dat ik gemiddeld 10 minuten nodig heb om alle kaarsen aan te steken, dan nog een mooi klassiek muziekje erbij en het feest kan beginnen.
Elk jaar is het een uniek moment, intussen een traditie die ik graag in ere wil houden.

De kunst om te genieten van de zonde

Geef dessert de waarde die het verdient: als extraatje bij speciale gelegenheden.

Af en toe een dessert kan geen kwaad, het wordt wel een probleem als je elke dag een dessert eet.

Een dessert is altijd een aanslag op je lijn. Het zit vol suiker en vet en het is zo goed als onmogelijk om goede combinaties te maken. Ook fruit na de maaltijd is geen goed idee. Het fruit belandt in een volle, warme maag en begint te gisten nog voor het kan worden verteerd. Werken met chemische, caloriearme vervangproducten, zoals vervangsuiker, is zeker geen oplossing. Het zijn lichaamsvreemde, chemische producten die nog veel ongezonder zijn dan het natuurlijke product. Als je toch kiest voor een dessert, ga er dan voor. Kies voor pure voedingswaren, zo krijgt je lichaam op z'n minst voedingsstoffen binnen waarmee het nog iets kan aanvangen. Ook op psychologisch vlak heb je een grotere voldoening.

Meestal krijg ik dan te horen: 'Maar jij mag toch een dessert eten!' Waarop ik altijd antwoord: 'Nee, want ook ik verdik als ik te veel desserts eet!' Je moet eerlijk zijn met jezelf!

Dat ik een gezond figuur heb, is omdat ik eet zoals in dit boek wordt beschreven en af en toe ten volle geniet van een dessert. Ik heb niet het gevoel dat ik mij iets moet ontzeggen, integendeel. Ik geef desserts een unieke plaats in mijn menu, een plaats die ze verdienen en ik geniet er af en toe met volle teugen van. Het is een kunst om te genieten van de zonde. Heerlijk!

Mijn raad is:

- Wacht zo lang mogelijk tussen de maaltijd en het dessert, geef het eten de tijd om eerst te verteren. Alles samen maakt het onverteerbaar, dat geeft je een opgezet en loom gevoel. Voedsel dat slecht verteert, wordt sneller omgezet in vet.

- Neem een kleine portie van het dessert, de voldoening nadien is veel groter. Genieten zonder schuldgevoel. Dat is de kunst!

- Het allerbelangrijkste! Als je een dessert eet, geniet er dan ten volle van. Ik zie desserts als een beloning, een extraatje waarvan je af en toe 'moet' genieten.

Gare pompoen met bacon

BEREIDING

Snijd de pompoen in kubussen van ongeveer 2 cm. De schil mag eraan blijven (zie tip).
Wikkel er telkens één plakje bacon om het vet van de bacon dat meestal aan de bovenkant zit, snijd ik weg).

Leg de rolletjes in een vuurvaste schotel en zet opzij.

Als de gasten er zijn

Zet de schotel ongeveer 20 minuten in een warme oven van 180°C.
Zet je keukenwekkertje en ga weer genieten bij je gasten.

TIP schil van pompoen

De schil van de pompoen mag je laten zitten. Die is lekker en bovendien concentreren de waardevolle voedingsstoffen zich vaak in en net onder de schil. Als je pompoenpuree wilt maken, haal je de schil er het beste af.

TIP prikkertjes

De prikkertjes zijn fijne takjes van een boom, ik heb een eik geplunderd.

INGREDIËNTEN

pompoen
bacon, heel fijn gesneden

VOORBEREIDING

20 min.

ALS DE GASTEN ER ZIJN

Nog 20 min. in de oven

De krokante bacon smaakt heerlijk bij de zoete pompoen.

Avocado met champignons en gedroogde parmaham

BEREIDING

Leg de plakjes parmaham op een grillplaat en zet die ongeveer 7 minuten in een warme oven van 180°C.

Snijd de champignons in heel kleine stukjes en bak ze in een hete pan met wat olijfolie. Kruid met peper en zout.

Snijd de avocado overlangs door en haal de pit eruit. Lepel het zachte vruchtvlees eruit en schep het op een bord. Besprenkel met een beetje citroensap (tegen verkleuring) en prak met een vork tot een homogene massa. Kruid met peper en zout.
Meng de gebakken stukjes champignons met het geplette vruchtvlees van de avocado. Kruid met peper en zout.

Haal de parmaham uit de oven en leg deze tussen vellen keukenpapier. Zet alles aan de kant. Wie voldoende keukenringen heeft, kan deze al vullen met het avocadomengsel en de borden op elkaar gestapeld in de koelkast zetten.

Als de gasten er zijn

Leg een keukenring op elk bord en lepel er het avocadomengsel in. Haal de keukenring weg. Breek de parmaham in grote stukken en leg ze op het avocadomengsel.

TIP keukenringen

Roestvrij stalen keukenringen zijn vrij duur. Daarom kun je voor koude bereidingen een pvc-buis in stukken laten zagen bij een doe-het-zelf-zaak. Zo heb je meteen voldoende keukenringen.

TIP avocado

Echt geen tijd om zelf avocadopasta te maken? Koop dan kant-en-klare guacamole.

INGREDIËNTEN

4 plakjes parmaham
1 rijpe avocado
5 champignons

citroensap
olijfolie

2 keukenringen

VOORBEREIDING

15 min.

GAARTIJD

20 min.

ALS DE GASTEN ER ZIJN

Nog 15 min. werk

Bijzonder lekker en verrassend

Een mooi en heerlijk eindejaarsgerecht

Gevulde kalkoen met groenten en champignons

BEREIDING

Dit gerecht vergt wat meer voorbereiding, maar die kun je perfect op voorhand doen.

Snijd de kalkoenfilet 'en portefeuille' (zie tip) of vraag het aan je slager.

Ontvel en ontpit de tomaten en snijd ze in kwarten. Leg aluminiumfolie op een bakplaat en bestrijk die met olijfolie. Leg hierop de kwartjes tomaat met de ronde kant naar beneden, besprenkel ze met olijfolie en kruid met peper en zout. Zet 10 minuten in een warme oven van 180°C. Was de spinazie en zwier hem goed droog. Bak de spinazie in een scheut olie tot hij volledig geslonken is. Kruid met peper en zout.

Nu begint het oprolwerk: leg de kalkoenfilet plat en vergeet deze niet te kruiden met peper en zout. Leg hierop eerst de spinazie, dan de kwartjes tomaat en als laatste de plakjes ham. Rol de filet nu stevig op, terwijl je goed aandrukt. Bind vast met keukentouw of prik er tandstokertjes in, zodat alles goed blijft zitten. Bak de rol even aan in een pan met olie, zodat de buitenkant mooi bruin is. Het belangrijkste werk zit er nu op.

Als de gasten er zijn

Zet de kalkoenrol 40 minuten in een warme oven van 180°C.

Bak intussen de champignons in olijfolie en kruid met peper en zout. Snijd met een scherp mes plakjes van de kalkoenrol. Dit kan aan tafel gebeuren, zoals je wenst. Serveer met de gebakken champignons.

TIP 'en portefeuille' snijden

We willen van de dikke filet een lang, plat stuk snijden. Je begint alsof je de dikke filet in drie platte filetstukjes wilt snijden, maar je snijdt elke filet op het einde niet los maar snijdt verder in de andere richting. Denk aan een portefeuille uit drie stukken waarvan je de zijkanten dichtklapt. Nadien leg je de filet tussen twee vellen plasticfolie en klop je met de platte achterkant van een zwaar mes de filet nog platter. Oefening baart kunst, je kunt het natuurlijk ook aan je slager vragen.

INGREDIËNTEN

1 dikke kalkoenfilet

4 plakjes gandaham

250 g spinazie

4 tomaten

250 g champignons

peper en zout

olijfolie

keukentouw of tandenstokers

VOORBEREIDING

40 min.

ALS DE GASTEN ER ZIJN

Nog 40 min. in de oven en 15 min. werk

Dessert met speculaas

BEREIDING

Leg aluminiumfolie in een cakevorm. Zo kun je het dessert er nadien gemakkelijker uithalen.

Laat de boter smelten in een pannetje. Mix de speculaas tot kruimels en meng er de boter onder. Schep het speculaasmengsel op de bodem van de cakevorm en zet die in de koelkast.

Los de blaadjes gelatine op in een beetje warm water en meng het onder de Philadelpia. Voeg het citroensap en de suiker toe.

Klop de room op en meng hem met het kaasmengsel. Lepel dit kaasmengsel op de speculaas en zet opnieuw in de koelkast.

Mix wat fruit voor de afwerking. Zet in de koelkast.

Als de gasten er zijn

Snijd plakjes van de vorm en dresseer de coulis erover.

TIP goede vrienden

Dit dessert at ik bij goede vrienden. Laurence is een schitterende gastvrouw en kookt altijd eenvoudig en geïnspireerd. Bijvoorbeeld met dit dessert.

INGREDIËNTEN

250 g speculaas

75 g boter

een potje Philadelphia natuur

5 eetlepels suiker

3 blaadjes gelatine

250 cl room

sap van 1/2 citroen

500 g frambozen

VOORBEREIDING

25 min.

ALS DE GASTEN ER ZIJN

Alleen dresseren op het bord

De speculaas maakt het verrassend lekker.

Wilde hibiscusbloemen in de champagne. Verrassend mooi en lekker. Te koop in de supermarkt rond de feestdagen.

Sint-jakobsvruchten met avocado en een pittige vinaigrette

BEREIDING

Halveer de avocado, haal de pit eruit en snijd of pel de schil eraf. Snijd het vruchtvlees in dunne plakjes. Besprenkel met een beetje citroensap om verkleuring te voorkomen.

Snijd de sint-jakobsvruchten in dunne plakjes.

Leg beurtelings een plakje sint-jakobsvrucht en een plakje avocado op elkaar. Prik vast met een prikker. Zet weg in de koelkast.

Maak het sausje. Meng daarvoor olijfolie met Spaanse pepers en citroensap.

Als de gasten er zijn

Giet een paar druppels van het sausje over elke hapje. Kruid met zwarte peper en fleur de sel.

TIP pittige olijfolie

Zet de olijfolie op een heel zacht vuurtje en laat er een aantal Spaanse pepers voor een half uurtje in weken. Let op, de olie mag zeker niet te heet worden (zeker niet roken)! Giet de olie in een fles en stop de Spaanse pepers erbij. Je kunt deze olie gerust een tijdje houden (zoals gewone olijfolie). Heb je geen tijd, dan kun je natuurlijk olijfolie met Spaanse pepers kopen. Die is gemakkelijk te vinden in de grotere winkels.

INGREDIËNTEN

1 sint-jakobsvrucht per
  persoon
1 rijpe avocado

citroensap
olijfolie met Spaanse
  pepers
fleur de sel
zwarte peper

VOORBEREIDING

25 min.

ALS DE GASTEN ER ZIJN

Gewoon uit de koelkast halen

Een pittig hapje dat smelt in de mond

Wilde paddenstoelen met auberginekaviaar en truffel

BEREIDING

Leg de aubergine op een bakplaat en prik met een naald drie gaatjes bovenaan. Zet 1 uur in een warme oven van 180°C. (Dit kun je de dag ervoor klaarmaken en nadien even opwarmen.)

Maak de paddenstoelen schoon. Ik ga altijd te werk met een borsteltje en een scherp mes.

Plooi de ronde brickvellen in vieren, zet er een ronde vorm op en snijd met een scherp mes langs de rand. Laat de vier vellen aan elkaar vast zitten en smeer alleen het bovenste vel in met olijfolie. Leg de vellen 4 tot 5 minuten in de oven tot ze goudbruin zijn.

Snijd de gare aubergine overlangs door, de geur die vrijkomt is zalig! Lepel het vruchtvlees eruit en schep het in een kommetje, giet er een flinke scheut truffelolie bij en roer stevig met een vork tot je een homogene massa krijgt. Kruid met peper en zout. De geur is nu nog onweerstaanbaarder.

Als de gasten er zijn

Bak op het laatste moment de paddenstoelen. Kruid met peper en zout. Warm de auberginekaviaar op. Schik op een bord eerst de paddenstoelen, leg daarop het brickdeeg en lepel daarop de auberginekaviaar. Werk eventueel af met een paar plakjes verse truffel.

TIP verse truffel

Ook zonder verse truffel smaakt dit gerecht schitterend, omdat de smaak vooral van de truffelolie komt die gebruikt wordt in de auberginekaviaar. Maar het is misschien wel een leuk extraatje voor de feestdagen.

INGREDIËNTEN

1 aubergine

500 g wilde paddenstoelen

brickdeeg

olijfolie

truffelolie

verse truffel (optioneel)

VOORBEREIDING

20 min.

GAARTIJD

1 uur

ALS DE GASTEN ER ZIJN

Nog 20 min. werk

Een heerlijk gerecht met sterke smaken uit de natuur

Langoustines vind ik een van de meest sensuele schaaldieren, zacht en vol van smaak.

Langoustines met groenten

BEREIDING

Maak eerst de saus. Breek de langoustinekoppen van de staart af en bak ze even in een diepe pan in wat olijfolie. Blus met een flinke scheut cognac. Voeg water toe tot de koppen juist onderstaan en laat een kwartier goed doorkoken. Zet het vuur iets zachter. Voeg de tomatenpuree toe, kruid met peper en zout en laat nog 15 minuten trekken. Giet alles door een zeef, zet opnieuw op het vuur en laat nu het sausje inkoken tot de gewenste dikte (zie tip).
Terwijl de saus op staat, snijd je de sjalotjes en de wortel fijn.

Pel de langoustinestaarten. Verwijder zeker het darmkanaal. Dat gaat het gemakkelijkst via het uiterste puntje van de staart: trek het (vaak donkere) darmkanaal er in één keer uit.
Leg de langoustines in een vuurvaste schotel en zet weg in de koelkast.

Snijd de sjalotjes en de wortel fijn en bak ze in een scheut olijfolie tot ze glazig zijn. Voeg er nu een flinke scheut xeresazijn aan toe en laat inkoken.

Als de gasten er zijn

Zet de schotel met de langoustines 6 minuten in een warme oven van 180°C.
Warm de groenten en de saus heel even op.
Leg de langoustinestaarten op een rijtje en lepel de groenten ernaast. Werk af met het sausje.

TIP bereidingstijd

Vooral het maken van de saus neemt veel tijd in beslag, omdat de koppen moeten worden afgekookt, maar je zult zien: dit is een heel eenvoudig gerechtje. Je kunt in plaats van een saus een soepje maken, dan laat je het vocht niet zoveel inkoken. Serveer dit, samen met de langoustines, in een klein kopje.

INGREDIËNTEN

8 langoustines
1 grote wortel
3 sjalotjes

2 theelepels tomatenpuree
flinke scheut cognac
flinke scheut xeresazijn
olijfolie

VOORBEREIDING
20 min.
GAARTIJD
40 min.
ALS DE GASTEN ER ZIJN
Nog 6 min. in de oven en 10 min. werk

Vol van smaak en verfijnd om te zien

Tongrolletjes met groenten, nori en wasabi

BEREIDING

Leg de tongfilets op een werkblad met het vel naar beneden. Smeer ze in met olijfolie, kruid met peper en zout en rol ze op. Plaats ze rechtop in een ovenschotel. Zet de ovenschotel in de koelkast.

Maak ondertussen het sausje. Ontpit de tomaat. Vang het sap op en snijd het vruchtvlees in blokjes (zie tip pagina 73).

Knip de norivellen met een schaar in stukjes. Vouw de vellen een aantal keer dubbel, knip er eerst lange reepjes van en knip dan de reepjes in stukjes.

Snijd het bosuitje fijn. Doe het samen met de blokjes tomaat, het tomatensap en de stukjes nori in een pannetje. Giet er een flinke scheut olijfolie, xeresazijn en sojasaus bij. Voeg wasabi bij naar smaak. Let op, want dit is best pittig, dus doe dit geleidelijk aan en proef regelmatig. Kruid met peper en zout (het werkt gemakkelijk als je de wasabi oplost in een beetje sojasaus en dan toevoegt). Zet het pannetje opzij.

Als de gasten er zijn
Zet de ovenschotel 20 minuten in een warme oven van 180°C. Warm het sausje lichtjes op (de blokjes tomaat mogen geen puree worden).

Schik de tongrolletjes op de borden en giet het sausje erover.

TIP nori en wasabi
Het bekendste zeewier is nori, het groene velletje dat rond sushi wordt gewikkeld. Net zoals andere zeewieren is nori uiterst gezond, het bevat onder andere vitamine B12, veel mineralen en het is een van de weinige plantaardige producten die omega 3-vetten bevatten.
Ook wasabi, de Japanse mosterd, is vooral bekend van het sausje dat bij sushi wordt geserveerd. Het is een pittige mosterd gemaakt op basis van een wortel die lijkt op mierikswortel.

INGREDIËNTEN

2 tongen, gefileerd

1 tomaat

2 norivellen

1 bosuitje

wasabi in een tube

sojasaus

xeresazijn

olijfolie

VOORBEREIDING
15 min.
GAARTIJD
25 min.
ALS DE GASTEN ER ZIJN
Nog 20 minuten in de oven + 10 minuten werk

Appeltaartje

BEREIDING

Snijd rechthoekjes uit het bladerdeeg. Schil de appelen en snijd ze in dunne schijfjes. Leg ze op het bladerdeeg en vouw de zijkanten naar binnen, over de appelen.

Laat de boter smelten in een pan, voeg er wat suiker bij (naar eigen smaak) en laat smelten. Voeg dan de amandelschilfers toe. Roer goed. Bedek de appeltjes met de gesuikerde amandelen en zet ze in de koelkast.

Als de gasten er zijn
Zet de appeltjes een kwartiertje in de oven op 180°C tot het deeg en de amandelschilfertjes gebruind zijn.

INGREDIËNTEN

bladerdeeg
2 appelen
een handvol amandelschil-
    fers
1 klontje boter
suiker

VOORBEREIDING
20 min.
ALS DE GASTEN ER ZIJN
Nog 15 min. in de oven

Zo eenvoudig en overheerlijk

Eitje met kaviaar

BEREIDING

Kluts de eieren en laat ze op een zacht vuurtje opwarmen. Roer stevig met een garde en meng er de room onder. Blijf goed roeren, zodat je een homogeen mengsel krijgt. Zet opzij.

Als de gasten er zijn

Warm het roereitje op tot het lauw is. Laat het zeker niet heet worden (zie tip)! Meng er een deel van de kaviaar onder.
Serveer het roerei in een kopje of boterpotje, en lepel er de rest van de kaviaar over.

TIP kaviaar

Kaviaar staat voor 'feest', maar helaas is het duur. Hier gebruik ik Belgische kaviaar, maar je kunt ook lompviseitjes gebruiken. Het oogt net zo chic en de smaak gaat perfect samen met het roereitje.

TIP roerei mag niet heet zijn

Je mag de kaviaareitjes zeker niet onder het hete roerei mengen, anders worden de kaviaareitjes gekookt. Dan veranderen ze van smaak en structuur en dat is het ergste wat je kan overkomen!

INGREDIËNTEN

kaviaar

3 eieren

1/2 dl room

VOORBEREIDING

3 min.

GAARTIJD

10 min.

ALS DE GASTEN ER ZIJN

Nog 15 min. werk

Eenvoud met stijl

Garnalen met truffel en knolselderspaghetti

BEREIDING

Maak de knolselder eerst schoon en verwijder de schil. Nu kun je met een dunschiller met tandjes slierten knolselder afsnijden. Denk eraan dat de hoeveelheid met de helft vermindert bij het garen.

Kook de slierten 2 minuten in kokend water met zout. Giet af in een vergiet en laat goed uitlekken. Giet er een goede scheut olijfolie over en meng de olie voorzichtig onder de slierten.

Maak in een vuurvaste schotel twee hoopjes met de knolselder, en kruid met peper en zout. Zet opzij.

Doe de garnalen intussen in een pan met een goede scheut truffelolie en de truffelschilfers. Zet opzij.

Als de gasten er zijn

Zet de knolselder 10 tot 15 minuten in een warme oven van 180°C. Intussen verwarm je de garnalen op een zacht vuur. Let op! Laat de garnalen zeker niet koken, want dan worden ze taai!
Leg eerst een hoopje knolselderspaghetti op een bord, en schep daarop de garnalen.

TIP truffelschilfers

Truffelschilfers zijn een goed alternatief voor de dure, verse truffel. Ze worden meestal verkocht in een klein blikje en zijn rond de feestdagen gemakkelijk te vinden.

INGREDIËNTEN

1 knolselder

250 g garnalen

truffelolie

1 potje truffelschilfers

dunschiller met tandjes

VOORBEREIDING

20 min.

ALS DE GASTEN ER ZIJN

Nog 15 min. in de oven en 15 min. werk

Een heerlijke combinatie van smaken en structuren

Bijzonder
lekker en geen
prutswerk bij
het eten

Langoest 'Grenada style'

BEREIDING

Snijd de sjalotjes, de gember en de knoflook in fijne stukjes.

Ontvel de tomaten (zie pagina 73), snijd ze in vieren en haal het sap en de pitjes eruit. Doe dit boven een zeef, zodat je het sap kunt opvangen (dat kun je nadien gebruiken in de saus). Snijd de kwarten nu in blokjes. Zet opzij.

Knip de schaal van de langoest langs de binnenkant open en verwijder deze. Leg de rauwe staart in een vuurvaste schotel met wat olijfolie, peper en zout. Zet opzij.

Intussen stoof je de sjalotjes, de knoflook en de gember in een beetje olijfolie. Let erop dat deze niet bruin bakken, dus roer af en toe. Zodra alles bijna gaar is, giet je het opgevangen tomatensap erbij. Laat nog eens goed koken. Zet opzij.

Als de gasten er zijn

Zet de langoest 8 tot 10 minuten in een warme oven van 180°C. Gebruik een wekkertje, dat werkt gemakkelijk.

Intussen verwarm je het pannetje met de tomatensaus. Haal het pannetje van het vuur als de saus warm is en voeg er de tomatenblokjes bij. Zo worden de blokjes warm, zonder mee te garen, en behouden ze hun structuur. Kruid met peper en zout.

Intussen is de langoeststaart gaar. Snijd deze op een plank in plakjes. Verdeel over de borden en schik het groentemengsel ernaast.

TIP langoest

Zeg maar de 'kreeft' van de Caraïben. Maar eigenlijk hebben ze niets met elkaar gemeen. Een langoest heeft geen scharen, het vlees zit vooral in de staart. Voordeel is dat er geen prutswerk met pootjes en scharen aan te pas komt. Een langoest smaakt iets zoeter en het vlees is droger dan een kreeft. Tijdens de feestdagen is langoest gemakkelijk te vinden.

INGREDIËNTEN

1 langoest

olijfolie

2 tomaten

2 sjalotjes

1 stukje gember van 1 cm

1 teentje knoflook

VOORBEREIDING

25 min.

GAARTIJD

10 min.

ALS DE GASTEN ER ZIJN

Nog 10 min. in de oven en 15 min. werk

Zachte warme chocolade

BEREIDING

Neem een zestal kleine ovenschaaltjes en bestrijk ze met boter.

Breek de chocolade in stukken en laat au bain-marie smelten met de boter.

Klop de eieren, de eierdooiers en de suiker op tot een romige massa.

Spatel er vervolgens het chocolade-botermengsel en tot slot de bloem (het beste door een zeef) onder.

Vul de ovenschaaltjes en zet in de koelkast tot je ze nodig hebt.

Als de gasten er zijn

Bak het dessert 10 tot 15 minuten in een warme oven van 180°C (zie tip).

Werk af met geraspte chocolade. Als decoratie heb ik wat witte bloemsuiker gebruikt onder de chocolade.

TIP baktijd

De baktijd is vooral afhankelijk van de grootte van de ovenschaaltjes. Test dit dus op voorhand eens uit (alleen de tijd kan variëren, de baktemperatuur 180°C blijft). Zo weet ik intussen exact hoelang mijn chocoladeschoteltjes in de oven moeten staan en kan ik met mijn kookwekkertje bij de hand weer gezellig en zonder zorgen bij mijn gasten zitten.

TIP chocolade

Voor de echte chocoladeliefhebbers, ik meng er 100% cacaopoeder onder en gebruik niet al te veel suiker, zo heb je nog meer de pure smaak van chocolade.

INGREDIËNTEN

200 g chocolade met minstens 70% cacao, plus extra voor de garnering

2 eieren

2 eierdooiers

125 g boter

50 g suiker

25 g bloem

bloemsuiker, voor de garnering

VOORBEREIDING

25 min.

ALS DE GASTEN ER ZIJN

Nog 10 tot 15 min. in de oven

Mijn lievelingsdessert

De herfst is de tijd
van de overgang. De kou en
de regen beginnen het lichaam
te beïnvloeden. dus serveren
we meer warme gerechten.

Je moet weten waarvan je veel moet eten
en waarvan je maar weinig mag eten.

Vlees, stevige kost voor de winter

Ik eet heel weinig vlees, maar ik zou vlees niet willen schrappen uit mijn menu. Niet alleen omwille van de smaak, maar omdat ik niets wil uitsluiten, ik ben daarvoor veel te nieuwsgierig naar smaken en structuren. Ik zou het als een beperking ervaren. Ik wil gewoon van alles proeven, ook van vlees dus.

Ik heb graag een stukje vlees in de winter, het is stevige kost, goed tegen kou en regen. Ik ben ervan overtuigd dat af en toe een stukje vlees goed doet, vooral wild of vlees van dieren die vrij buiten lopen. Wild bevat maar 2 tot 4% vet met relatief hoge gehaltes aan mono-onverzadigde en omega 3-vetzuren. Het vlees van gedomesticeerde dieren daarentegen bevat 20 tot 25% vet dat voornamelijk bestaat uit verzadigd vet en omega 6-vetzuren (dit is de grote boosdoener voor onze gezondheid). Dit komt omdat gedomesticeerde dieren meestal alleen worden vetgemest met granen en industriële veevoeders. Ze komen met moeite uit hun stal. Wild voedt zich vooral met planten, die vol vitaminen en antioxidanten zitten.

Ik ben opgegroeid met vlees, dat is nu eenmaal zo. Ik heb gemerkt dat mijn lichaam het af en toe nodig heeft om goed te kunnen functioneren, anders krijg ik problemen met mijn gehalte aan vitamine B12 en vitamine D. Maar elk lichaam is anders, ieder moet voor zichzelf uitmaken wat goed is.

De vraag is dus eerder 'hoeveel vlees is goed?' Want we kunnen er niet meer omheen, talrijke studies hebben al aangetoond dat te veel vlees schadelijk is voor de gezondheid. Je krijgt er niet alleen verteringsproblemen door, het verhoogt ook het risico op een aantal soorten kanker, vooral darm- en prostaatkanker. Je hebt niet veel vlees nodig om je gehalte aan vitamine B12 op peil te houden.

Je moet weten waarvan je veel moet eten en waarvan je maar weinig mag eten. Elke dag vis is ook niet goed. Wat moet je dan wel eten? Mag ik je doorverwijzen naar mijn hoofdstuk 'Groenten in overdaad'. Af en toe een dagje zonder vlees of vis doet echt deugd. De variatie werkt het best.

Kip met spek, champignons en rode wijn

BEREIDING

Snijd de knoflook fijn. Maak de champignons schoon. De kleinere laat je heel, grotere snijd je in vieren. Pel de kleine uitjes. Snijd het spek in dunne reepjes.

Stoof de uitjes en de knoflook een 5-tal minuten in een flinke scheut olijfolie. Voeg de champignons en het spek toe. Laat weer een 5-tal minuten sudderen. Giet er het glas rode wijn bij en voeg de sojasaus toe. Laat even koken.

Leg de kip in een vuurvaste schotel en schep er de groenten over. Dek af met aluminiumfolie of een deksel en zet anderhalf uur in de oven op 180°C (een grote kip nog iets langer).
Het laatste kwartier haal je de aluminiumfolie weg, zodat de kip goed kan bruinen.

TIP spek

Spek is misschien niet het meest gezonde stukje vlees, maar wel een sterke smaakmaker. Daarom gebruik ik er weinig van en snijd ik het bovenste vet eraf. Het idee is dat je alles mag eten, alleen moet je weten waarvan je veel mag eten en waarvan je maar weinig mag eten.

TIP kip

Kip smaakt het best als ze door en door gaar is, het vlees moet van het been vallen. Daarom kun je kip het beste wat langer in de oven laten zitten. Reken voor een gewone kip zeker anderhalf uur. Hoe groter, hoe langer.

INGREDIËNTEN

1 kip
2 plakjes spek
500 g champignons

20 kleine uitjes
2 teentjes knoflook
1 glas rode wijn
5 eetlepels sojasaus
olijfolie

VOORBEREIDING
15 min.
GAARTIJD
1 uur 30 min.

Een gerecht dat het thuis nóg gezelliger maakt!

Filet pur gemarineerd in truffelolie met pompoenpuree

BEREIDING

De avond ervoor: neem een klein, doorzichtig plastic zakje. Leg hierin de twee filets en giet er truffelolie bij. Duw de lucht uit het zakje en leg een knoop zo dicht mogelijk bij het vlees zodat de olie helemaal rond het vlees zit. Leg in de koelkast tot de volgende dag. Draai het zakje af en toe om.

De dag zelf: snijd de pompoen in kleine stukken, verwijder de pitten en snijd de schil eraf. Leg de stukken in een vuurvaste schotel, wrijf ze in met wat olijfolie en zet 20 minuten in een warme oven van 180°C.

Bak intussen de filet pur 6 tot 8 minuten in de olie van de marinade. Haal de pan van het hete vuur en zet even opzij.

Pureer de pompoen en kruid met peper en zout.

Leg een flinke schep pompoenpuree op het bord en leg het vlees ertegen.

TIP

Het vlees en de truffelsmaak komen het meest tot hun recht als het vlees bleu (een 6-tal minuten) of saignant (een 8-tal minuten) gebakken wordt.

INGREDIËNTEN

2 mooie stukken filet pur
truffelolie
1 kleine pompoen

MARINEREN
de avond ervoor

VOORBEREIDING
25-30 min.

GAARTIJD
25-30 min.

De marinade met truffelolie geeft het vlees een subtiele smaak en maakt het malser.

Kip met mosterd en tomaat

BEREIDING

Ontvel twee tomaten en snijd ze in kwarten. Het binnenste haal je eruit en voeg je bij de andere tomaten die je gewoon in kwarten snijdt.

Neem 6 eetlepels van de mosterd en roer er 4 eetlepels van de olijfolie onder. Strijk dit over de kippenborsten en leg de kippenborsten in een vuurvaste schotel.

Meng 1 eetlepel van de mosterd en de rest van de olijfolie onder de tomaten, en kruid met peper en zout. Leg de tomaten bij in de oven-schotel.

Zet 40 minuten in een warme oven van 180°C.

TIP ontvellen van tomaten

Zie pagina 73.
Je kunt de tomaten het beste ontvellen, omdat het dunne velletje anders te snel verbrandt.

INGREDIËNTEN

2 kippenborsten

6 + 1 eetlepels mosterd

5 tomaten

6 eetlepels olijfolie

VOORBEREIDING

20 min.

GAARTIJD

40 min.

Eenvoudig maar zo heerlijk

Kruidige kipballetjes met knolselder en witloof

BEREIDING

Snijd de kipfilets in grote stukken. Snijd de champignons, de peterselie en de teentjes knoflook fijn. Doe eerst alles in een kom, giet er een scheut olijfolie bij en meng goed. Kruid met peper en zout. Doe dan alles in een mixer (zo mengt alles beter) en mix tot een homogene massa. Draai balletjes van het gehakt en steek ze op een grote prikker. Besprenkel met olijfolie en zet 20 minuten in een warme oven van 180°C.

Schil de knolselder en snijd hem in grote stukken. Bak ze in een hete pan met wat olijfolie.
Terwijl de knolselder op staat, snijd je het witloof in dikke ringetjes en haal je de harde witte kern eruit. Voeg het witloof bij de knolselder en bak samen tot het witloof helemaal zacht is. Kruid met peper en zout. (Denk eraan dat knolselder langer moet bakken dan witloof.)

Dresseer de groenten op een bord en leg de kippenballetjes ernaast. Werk af met grove peper.

TIP kippengehakt

Je hoeft geen bindmiddel zoals ei aan het gehakt toe te voegen, je zult zien dat alles mooi samenblijft met een beetje olijfolie. De champignons maken het gehakt lekker sappig.

TIP knolselder/witloof

De combinatie van knolselder met witloof is ongelooflijk lekker. Het zijn twee eenvoudige ingrediënten die elkaar versterken. Het resultaat is bijzonder verrassend. Bovendien is het heel eenvoudig te bereiden. Moet je zeker eens proberen.

INGREDIËNTEN

2 kipfilets
6 champignons
handvol peterselie
2 teentjes knoflook
1 knolselder
1 witloofstronkje
olijfolie

VOORBEREIDING

25 min.

GAARTIJD

20 min.

De combinatie knolselder en witloof is buitengewoon heerlijk, het kippengehakt maakt het verrassend.

Konijn met groenten en olijven

BEREIDING

Snijd het konijn in stukken of laat het snijden door de slager. Bak de stukken aan alle kanten bruin in een hete pan met olijfolie. Kruid met peper en zout en giet er de wijnazijn over. Haal de pan van het vuur en laat even rusten.

Snijd intussen de wortelen, de selder en de ui in schijfjes. Halveer de olijven. Plet de teentjes knoflook ongepeld met de platte zijde van een groot mes. Neem een pan en giet er wat olijfolie in. Bak eerst de ui. Roer regelmatig, zodat die niet verbrandt. Voeg de wortelen en de selder toe. Blijf goed roeren. Voeg nu de knoflook, de olijven en ten slotte de kappertjes toe. Vergeet niet te kruiden met peper en zout. Laat alles nog een 5-tal minuutjes pruttelen.

Lepel het groentemengsel over en tussen de stukken konijn. Overgiet met witte wijn zodat alles ongeveer half onderstaat. Leg er de takjes rozemarijn en de blaadjes laurier bij. Laat alles nog minstens een uur sudderen onder gesloten deksel.

TIP konijn op Maltese wijze

Deze bereiding is gebaseerd op een van de nationale gerechten van Malta. Tijdens mijn zeiltocht over de Middellandse Zee ontmoette ik Matty Cremona, een heel bekende kokkin in Malta. Zij heeft me dit gerecht geleerd.

TIP witte of groene selder

Groene selder of snijselder is pittiger dan witte en wordt vaker gebruikt in stoofschotels, zoals deze. Witte selder of bleekselder kan ook, maar wordt vooral rauw geapprecieerd, door zijn zachte smaak. Selder is een heel gezonde groente en werkt vocht afdrijvend.

INGREDIËNTEN

1 konijn
2 wortelen
2 stengels selder
1 kleine ui
handvol olijven (zie tip)
witte wijn

5 eetlepels kappertjes
5 teentjes knoflook
2 takjes verse rozemarijn
8 blaadjes laurier
5 eetlepels wijnazijn
olijfolie
peper en zout

VOORBEREIDING
15 min.
GAARTIJD
1 uur 15 min.

Heerlijk, konijn met zoveel groenten!

Het zijn de details
die het verschil maken,
hier de kurkuma!

Ree met spruiten en kurkuma

BEREIDING

Maak de spruiten schoon en kook ze gaar in een weinig water (zodat ze net onderstaan) met wat zout.

Hak intussen de teentjes knoflook fijn. Fruit de knoflook in een pan met wat olijfolie, voeg de kurkuma en zwarte peper toe, en roerbak 2-3 minuten. Voeg er de uitgelekte spruiten aan toe en roerbak nog een 10-tal minuten. Kruid met wat zout.

Bak de reefilet in een scheut olijfolie aan alle kanten bruin. Zet de pan een 10-tal minuten in een oven van 80-90 °C. Zo kan het vlees rustig verder garen. Haal het vlees uit de oven en laat nog even rusten voor je het aansnijdt. Zie tip.

TIP kurkuma zie pagina 41
Zoals je misschien al hebt gemerkt, gebruik ik wel vaker kurkuma. Het is zo eenvoudig in gebruik en het geeft groenten een diepere smaak en bovendien is het razend gezond. Ik kan het iedereen aanraden, probeer het gewoon!

TIP reefilet
Wild is een van de gezondste vleessoorten die je kunt eten. Het is rijk aan ijzer, vetarm en het bevat de gerenommeerde omega 3-vetzuren.

TIP waarom moet vlees even rusten voor het aansnijden?
Tijdens het bakproces veranderen de eiwitten in het vlees en stoten ze hun vocht af, dat is het vleessap. Wordt het vlees meteen na het braden aangesneden, dan gaat er veel vleessap verloren. En het is net dat sap dat het vlees smaakvol en mals maakt. Laten we het vlees even afkoelen en rusten, dan geven we de vleeseiwitten de tijd iets van het vocht op te nemen in de vezels. In de praktijk laat je vlees het beste een 10-tal minuten rusten onder aluminiumfolie.

INGREDIËNTEN

reefilet voor twee personen
400 g spruiten

1 theelepel kurkuma
2 teentjes knoflook
zwarte peper
olijfolie

VOORBEREIDING
10 min.
GAARTIJD
20 min.

Hutsepot

BEREIDING

Eerst zetten we het vlees op in ruim water met peper en zout. Laat een uur zachtjes koken.

Terwijl het vlees staat te pruttelen hebben we alle tijd om de groenten klaar te maken.
Snijd alle groenten in grove stukken. Stoof de knoflook, de ui, de prei, de wortel en de selder in een flinke scheut olijfolie. Voeg de rest van de groenten toe en giet er water bij tot alles net onderstaat. Laat zachtjes een halfuur koken. De groenten in hutsepot mogen overkookt zijn.

Voeg het vlees en de vleesbouillon bij de groenten en serveer.

TIP hutsepot

Ieder heeft zijn eigen recept van hutsepot! Maar zoals je weet, denk ik ook aan de goede vertering, daarom gebruik ik geen aardappelen. Ik kies voor vlees met groenten. Welk vlees? Alles kan: rundvlees, varkensvlees, schapenvlees of zelfs worst (daar ben ik minder voor omwille van de gezondheid: je weet nooit wat ze daarin draaien). Vroeger gebruikte men taai vlees dat uren moest sudderen, op de enige 'stove' van het huis. Ik geef de voorkeur aan het nekstuk van het varken. Het is sappig en smaakvol en niet al te vet (het vet dat ik weg kan snijden, snijd ik weg). Voor de groenten geldt slechts één regel: alles wat je lekker vindt, kun je erin doen.

Hutsepot klaarmaken voor twee personen is niet mogelijk. Het is net de hoeveelheid en verscheidenheid aan groenten die de smaak maken. En de volgende dag smaakt hij nog beter en de volgende dag nog beter … tot je er helemaal genoeg van hebt!

INGREDIËNTEN

1 grote ui

2 stengels prei

3 grote wortelen

300 g spruiten

4 bladeren savooikool

4 bladeren witte kool

3 stengels groene selder

2 teentjes knoflook

500 g varkensvlees

VOORBEREIDING
20 min.
GAARTIJD
1 uur

Het meest typische winterse gerecht met uit de kluiten gewassen groenten.

Ook na de zomer blijft de zee
een bron van inspiratie.

Mijn liefde voor de zee

Rum in de kieuwen

Ooit zat ik bij zonsondergang met Paul op een rots in de zee. Het was een bijna mythische ervaring. Het geluid van de eeuwige golven, de avondzon die de wolken tot leven bracht en de zeebries die ons deed huiveren. We hadden net een zeildag achter de rug, de boot lag in de haven en we dronken een glaasje champagne.

Paul had een hele dag aan het stuurwiel gestaan en ik had gevist. Ik heb een welhaast passionele liefde voor de zee en voor al wat ze te bieden heeft. Vandaar al die lekkere visgerechten in dit boek. Vis bereiden is een bijna sensuele ervaring, en met een verse, zelfgevangen vis een heerlijk visgerecht bereiden, is voor mij het allerhoogste.

Zeevissen vanaf een zeilboot is niet alleen ontspannend, het brengt ons terug naar onze oorsprong. Maar vissen vergt ook veel inzicht, kennis van het gedrag van de vis en een stukje ervaring.

Toen ik voor het eerst met veel moeite een bonito binnenhaalde die in het water heftig weerstand had geboden, bleef die spartelen op het dek van de boot. Ik wilde dat Paul hem doodknuppelde, wat ik zelf niet kon en wat hij met veel tegenzin deed. Bovendien hing de boot nadien vol vissenbloed. Dat wilde ik nooit meer meemaken.

's Avonds vroegen we aan lokale vissers hoe zij dat probleem oplosten. Ze vertelden ons dat we sterkedrank in de kieuwen van de vis moesten gieten.

We kochten in een buurtwinkeltje een fles goedkope rum en namen die mee aan boord.

Toen ik de volgende weerspannige bonito binnenhaalde, goot Paul meteen een borrel rum in zijn kieuwen. De vis was in een mum van tijd verdoofd en leek vredig te slapen. Ik stopte hem meteen in de koelkast.

's Avonds hebben we bonito gegeten. De lekkerste die ik ooit heb geproefd.

Dit is zo'n mooi en heerlijk
gerecht. Paul was zelfs ontroerd.

Vis in klei

BEREIDING

Laat de vis ontschubben en vanbinnen schoonmaken door de visboer. Laat de kop en de staart eraan. Was de vis goed, dep hem droog en stop er eenderde van de kruiden in. Kruid met peper en zout.

Neem twee grote stukken klei en rol hiervan twee grote vellen. Ga te werk zoals je deeg zou uitrollen, met een deegrol, maar niet zo dun, zodat je twee grote ovalen lappen krijgt. Leg de onderste lap in een ovenschotel en leg hierop 1/3 van de kruiden (de hele takjes). Leg op de kruiden de vis en plooi de uiteinden van de klei naar boven, rond de vis. De klei mag niet te strak rond de vis zitten (zie tip). Leg de rest van de kruiden op de vis en daarop leg je het andere vel klei. De naad rondom werk je dicht met je vingers.
Maak nog wat versiering met de rest van de klei, wees creatief of schrijf met een tandenstoker een boodschap in de klei. Allemaal leuk.

Zet 1 uur in de oven. Let op, heel belangrijk: zet de vis in een koude oven en zet dan pas de oven op 180°C, zodat de klei geleidelijk aan warm wordt, anders breekt deze.
Zet de ovenschotel op tafel en laat de hoofdgast de klei zachtjes breken met een hamer.

TIP bakken in klei

Dit is een kooktechniek van vroeger. Soms stopte men volledige beesten in klei, het haar of de pluimen kwamen er dan mee af als de klei eraf mocht. Ik gebruik gewone draaiklei voor keramiek waarmee ik in mijn atelier werk. Het is belangrijk dat de klei niet strak rond de vis zit, omdat klei krimpt bij het bakken. Daarom doe ik er kruiden rond, deze geven niet alleen hun smaak af, maar dienen ook als bufferzone. Als de klei toch breekt, is dat is niet zo erg.
Maar voor zij die denken potten te bakken in hun keukenoven, wil ik toch even vermelden dat je potten normaal gezien op een temperatuur van ongeveer 1000°C bakt. Op 180°C krijg je de klei nooit zo hard.
Klei vind je in een keramiek- of hobbywinkel in je buurt.

INGREDIËNTEN

1 roodbaars
verse rozemarijn
verse tijm
klei

VOORBEREIDING

25 min.

GAARTIJD

1 uur

Carpaccio van langoustines met hete sesamzaadolie

BEREIDING

Breek de langoustinekoppen van de staart af. Gebruik de koppen voor een sausje of een soepje (zie bijvoorbeeld Langoustines met groenten pagina 107).

Pel de langoustinestaarten. Verwijder zeker het darmkanaal. Dat gaat het gemakkelijkst langs het uiterste puntje van de staart, trek het (vaak donkere) darmkanaal er in één keer uit.

Snijd de staart in dunne plakjes en leg ze op een bordje.

Verhit intussen wat sesamzaadolie in een pannetje. Let op, de olie moet goed heet zijn, maar mag zeker niet verbranden! Zodra je rook ziet, moet je de pan meteen van het vuur halen.

Giet de hete sesamzaadolie over de carpaccio van langoustines.

Werk af met wat limoensap en kruid met zwarte peper en fleur de sel.

TIP sesamzaadolie

Vind je de smaak van sesamzaadolie te sterk, dan kun je half olijfolie, half sesamzaadolie gebruiken.

INGREDIËNTEN

1 langoustine per persoon
sesamzaadolie
limoensap
zwarte peper
fleur de sel

VOORBEREIDING
10 min.
GAARTIJD
5 min.

Heerlijk! Half rauw, half gaar

Eenvoudig, heel gezond en bijzonder lekker!

Zalm met sesamzaadjes en zeewier met wortelen

BEREIDING

Spoel de hiziki goed en laat 5 minuten weken in koud water. Giet het weekwater weg en leg de hiziki in een pan. Giet er vers water bij tot het zeewier net onderstaat. Laat 15 minuten koken.

Maak ondertussen de wortel schoon en rasp hem met een dunschiller met tandjes, zodat je fijne slierten krijgt (of snijd de wortel fijn met een mes).

Laat de wortelslierten de laatste 5 minuten meekoken met het zeewier. Giet er ook een scheut sojasaus bij, een scheut olijfolie en wat citroensap.
Op het einde van de kooktijd is het meeste vocht eruit gekookt. Kruid met peper, maar let op met zout, want de sojasaus smaakt al zout.

Strooi sesamzaadjes op een bord. Wrijf de zalm in met het eiwit en haal hem dan door de sesamzaadjes. Kruid met peper en zout en bak de zalm kort aan alle kanten (kleine minuut aan elke kant) in een hete pan met olijfolie, zodat de zaadjes lichtbruin zijn en de binnenkant nog rauw.

Leg de zalm op een bord, schik de groenten ernaast en dresseer de saus over de vis. Smakelijk!

TIP hiziki

Hiziki is een zeewier uit het Oosten. Het smaakt sterk naar de zee (maar is niet zout, en het bevat weinig natrium) en heeft een nootachtige smaak. Hiziki bevat veel mineralen, meer ijzer dan biefstuk en tienmaal zoveel calcium als een gelijkaardige hoeveelheid melk of een ander zuivelproduct. Het bevat jodium en daaraan hebben de meeste westerse mensen een tekort . Zeewieren vind je bij een oosterse winkel en bij biowinkels. Bij het koken wordt het volume van hiziki tot ongeveer vijfmaal groter. Houd hiermee rekening.

INGREDIËNTEN

2 zalmfilets
1 grote wortel
20 g hiziki
sesamzaadjes
sojasaus

1 eiwit
citroensap

VOORBEREIDING
15 min.
GAARTIJD
15 min.

Vistajine met tomaten en sperziebonen

BEREIDING

Snijd de tomaten en de ui in grote stukken. Maak de sperziebonen schoon, maar laat ze heel.

Giet een flinke scheut olijfolie in een tajine of in een pot en stoof hierin de ui en de knoflook glazig. Strooi de kurkuma en wat zwarte peper erbij en roer goed. Voeg nu de tomaten en de gember toe. Vergeet niet te kruiden met zout. Stoof een 3-tal minuten.
Leg de sperziebonen in de pot en giet er water bij tot alles net onderstaat.
Laat 20 minuten op een zacht vuur pruttelen. Let op! Kijk af en toe of er nog voldoende water is.

Ongeveer 10 minuten voor het einde van de kooktijd voeg je de in stukken gesneden vis en het citroensap toe.

TIP **kurkuma** (zie Spiegelei met tomaten pagina 41)

INGREDIËNTEN

300 g stevige, witte visfilet
  (kabeljauw, roodbaars ...)
1 ui
4 tomaten
200 g sperziebonen
olijfolie
citroensap

beetje geraspte gember
1 theelepel kurkuma
zwarte peper
2 teentjes knoflook, fijngesneden
zout

VOORBEREIDING
  10 min.
GAARTIJD
  25 min.

*Heerlijke verwarmende smaken,
ideaal voor koude winteravonden*

Tonijn uit blik met zachte ui in tomatensaus

BEREIDING

Versnipper de teentjes knoflook. Snijd de ui in grote ringen en de tomaten in blokjes.

Doe een flinke scheut olie in een pan en stoof hierin de ui met de knoflook. Laat zachtjes garen en roer regelmatig, zodat de ui niet bruin wordt.
Zodra de ui zacht is, doe je er de tomaten bij. Laat alles nog een 20-tal minuten stoven, zodat de tomaten helemaal uit elkaar zijn gevallen en een dikke saus ontstaat. Je kunt er wat water of olie aan toevoegen als het te droog is.

Net voor het opdienen spatel je de tonijn eronder. Doe dat voorzichtig, want het is de bedoeling dat de tonijn in grote stukken aan elkaar blijft.

TIP tonijn uit blik

Voor dit gerecht is het belangrijk dat je tonijn in olie koopt.

INGREDIËNTEN

1 blik tonijn in olijfolie

1 grote, witte ui

4 tomaten

2 teentjes knoflook

VOORBEREIDING

7 min.

GAARTIJD

25 min.

Het is net tonijn uit blik dat die bijzondere smaak geeft aan dit gerecht.

De herfstzon
vervult me met
nostalgie.

Heerlijke overdaad aan groenten

Ze maken het verschil op je bord en in je lichaam

Ik vind groenten en fruit absoluut het mooiste geschenk van Moeder Natuur. Iedereen is het erover eens dat 'groenten en fruit' goed zijn voor de mens. Geen enkel ander natuurlijk product heeft ons zoveel te bieden als de vrucht van een plant, zowel qua smaak, structuur en uitzicht als wat betreft bouwstoffen voor ons lichaam.

En toch eten we er zo weinig van! Alsof we het verleerd hebben om te koken met groenten. Het meest jammere is dat we daardoor ons lichaam belangrijke stoffen ontzeggen. We hebben groenten nodig om goed te kunnen functioneren. Een derde van alle gevallen van kanker staat in rechtstreeks verband met slechte voeding, meestal een tekort aan plantaardige producten zoals fruit en groenten. Een Japans onderzoek heeft uitgewezen dat mensen die regelmatig groenten en fruit eten, 15 jaar ouder worden dan zij die weinig groenten en veel vlees eten. Ook specerijen zijn een krachtige bron van ziektewerende stoffen. Knoflook, kurkuma, gember en verse kruiden zoals peterselie, basilicum ... ze maken het verschil.

De kankerwerende eigenschappen in plantaardig voedsel zijn helemaal niets abstracts of theoretisch, integendeel. De meeste middelen die tegenwoordig in chemotherapie worden toegepast, komen van plantaardige bronnen.

Planten kunnen niet gaan lopen als ze worden aangevallen en schade oplopen door infecties of insecten. Daarom hebben ze een uitgekiend verdedigingsmechanisme ontwikkeld om zich te verdedigen, namelijk de fytochemische stoffen. Sommige onder hen vormen een schat aan kankerwerende stoffen en werken dus echt als een chemotherapie die de ontwikkeling van tumoren aan de bron bestrijden door te beletten dat prekankercellen zich kunnen ontwikkelen. (bron: *Eten tegen kanker. De rol van voeding bij het ontstaan van kanker*)

Om al deze redenen kook ik graag met groenten. Ze zijn niet alleen verrukkelijk, ik vind het heerlijk te beseffen dat ik mijn lichaam sterker maak in plaats van het te belasten. Dat geeft aan koken voor mij een extra dimensie. Ik hoop dat ik met mijn recepten kan aantonen dat 'groenten' klaarmaken helemaal niet omslachtig hoeft te zijn en dat ze net veel variatie brengen in de keuken. Ze maken het verschil op je bord en in je lichaam.

Gegrilde pompoen met feta

BEREIDING

Halveer de pompoen en haal de pitten eruit. Laat de schil eraan en snijd er maantjes af.

Wrijf ze in met olijfolie en leg ze in een vuurvaste schotel. Zet 20 minuten in een warme oven van 180°C.

Snijd ondertussen de tomaten in kwarten, haal het zachte deel eruit en snijd ze nu in maantjes. Voeg ze halverwege de baktijd van de pompoen toe, dus na 10 minuten.

Verkruimel de feta en strooi deze 5 minuten voor het einde van de baktijd over de pompoen en de tomaten.

TIP pompoen

Deze heerlijke en eenvoudig te bereiden wintergroente bevat veel vezels die de darmen stimuleren en afvalstoffen afvoeren. Als je pompoenpuree maakt, haal je de schil er het beste af, maar in dit gerecht niet, het geeft meer smaak en karakter aan het eten. Bovendien zitten net onder de schil veel vitaminen en mineralen.

INGREDIËNTEN

1 kleine pompoen

2 tomaten

200 g feta

olijfolie

VOORBEREIDING

10 min.

GAARTIJD

20 min.

Feta en pompoen vormen een heerlijke combinatie.

Opgevulde portobello's

BEREIDING

Hier heb je heel weinig werk aan!

Haal de steel van de paddenstoel en wrijf de volledige hoed in met olijfolie. Kruid met peper en zout en zet 20 minuten in een warme oven van 180 °C.

Was de spinazie en zwier hem droog. Giet een scheut olijfolie in een diepe pot en bak de spinazie hierin. Kruid alleen met peper (in feta zit al veel zout). Verkruimel de feta en voeg toe aan de spinazie. Roer met een spatel tot de spinazie en de feta slap en gesmolten zijn.
Vul de hoedjes met het spinaziemengsel en serveer.

TIP portobello's

Portobello's zijn grote, bruine paddenstoelen, de hoed kan een diameter van 15 cm bereiken. Ze zijn dus ideaal om op te vullen. Het zijn stevige paddenstoelen die heerlijk smaken, je kunt er alle kanten mee uit: grillen, bakken, stoven ... Bovendien hebben ze een goede invloed op onze gezondheid. Portobello's zijn vrij gemakkelijk te verkrijgen.

INGREDIËNTEN

6 portobello's
300 g verse spinazie
125 g feta

VOORBEREIDING

10 min.

GAARTIJD

20 min.

In een handomdraai klaar en heerlijk smeuïg

Soepje van rode kool

BEREIDING

Snijd alle groenten fijn. Stoof de ui met de kruidnagels glazig en voeg dan de kool en de prei toe. Giet er het glas rode wijn en een flinke scheut balsamicoazijn bij. Voeg water toe tot de groenten net onderstaan. Laat op een matig vuur zachtjes verder garen tot de rode kool zacht is (ongeveer 25 minuten).

Neem van het vuur en mix het geheel. Wil je de soep minder dik, haal ze dan door een grove zeef. Neem een grote lepel en duw de soep door de zeef.

Giet de soep in kommetjes en werk af met een lepeltje ricotta en wat scheuten van rode biet.

TIP rode kool

Rode kool is net zoals alle andere kolen ideale winterkost. Ze bevat veel glucosinolaten, dat zijn heel krachtige, kankerwerende stoffen die alleen in kruisbloemigen voorkomen, zoals kolen en broccoli.
De toevoeging van balsamicoazijn geeft enerzijds een verfijnde smaak aan het soepje en anderzijds zorgt het zuur ervoor dat je de mooie, diepe kleur van de rode kool behoudt.

INGREDIËNTEN

1/2 rode kool

1 rode ui

1 stengel wit van prei

ricotta

10 kruidnagels

1 groot glas rode wijn

balsamicoazijn

scheuten van rode biet

VOORBEREIDING

15 min.

GAARTIJD

30 min.

Betoverend mooi en subtiel van smaak

Groentetorentje met peterseliesaus

BEREIDING

Snijd de groenten in dikke plakken, de schil mag eraan blijven. Giet een flinke scheut olijfolie in een pan en bak hierin de groenten op een matig vuur tot ze gaar zijn. Kruid met peper en zout.

Doe de peterselie, olijfolie en peper en zout in een blender en mix tot een gladde massa.

Stapel de ronde plakjes groenten op elkaar. Van de wortel leg je telkens twee plakjes naast elkaar. Dresseer de peterseliesaus ernaast.

TIP rode biet

Let op met rode biet. Ik snijd die altijd apart en was nadien meteen mijn handen, anders krijg je de rode kleur niet meer van je vingers.

TIP zoete aardappel

Zodra je zoete aardappel hebt gegeten, zet je die gegarandeerd nog op het menu. Heerlijk zoet en lekker gezond. Het is een rijke bron van vezels, mineralen en vitaminen. Het bevat veel bètacaroteen, een antioxidant dat onze weerstand verhoogt.

INGREDIËNTEN

1 zoete aardappel

1 rode biet

2 dikke wortelen

1 raapje

1 flink bosje peterselie

olijfolie

VOORBEREIDING
 25 min.
GAARTIJD
 25-30 min.

Heerlijke, aardse smaken

Soepje met kikkererwten, spinazie en tomaat

BEREIDING

Als je gedroogde kikkererwten gebruikt, kook deze dan eerst een uur tot anderhalf uur. Als ze voorgekiemd zijn (een dag geweekt, zie tip), volstaat het om ze 30 minuten te koken. Houd het kookvocht bij.

Snijd de ui en de knoflook fijn en stoof ze in een flinke scheut olijfolie. Voeg de kurkuma (zie tip) en zwarte peper toe en laat mee stoven.

Als de ui glazig is, voeg je de in blokjes gesneden tomaten toe. Roer alles goed door elkaar en laat even sudderen. Voeg nu de kikkererwten toe en giet er water (of kookvocht van de kikkererwten) bij tot alles goed onderstaat.
Dompel er de verse, gewassen spinazie in onder. Laat alles een 15-tal minuten sudderen.

TIP kikkererwten

Ze verlagen de cholesterol en bevatten veel ijzer en proteïnen (ideaal als vlees- of visvervanger). De vele vezels bevorderen een goede darmtransit.
Er zijn verschillende manieren om kikkererwten te bereiden.
1   Kikkererwten uit blik of uit een pot zijn al gekookt en moet je alleen opwarmen.
2   Gedroogde kikkererwten moet je 1 uur tot 1,5 uur koken.
3   De meest gezonde manier is de peulvrucht te laten voorkiemen: laat ze een dag weken en ververs het water minstens tweemaal. De kooktijd van de kikkererwten wordt daardoor niet alleen korter (een halfuur), de peulvruchten worden ook beter verteerbaar, omdat het zetmeel wordt omgezet in suiker. Daardoor smaken ze zoeter (zie ook voorkiemen van linzen pagina 169).

TIP kurkuma zie pagina 41

INGREDIËNTEN

1 pot/blik kikkererwten of
  gedroogde kikkererwten
  (250 g netto)
150 g verse spinazie
2 tomaten

1 ui
2 teentjes knoflook
1 theelepel kurkuma

olijfolie
zwarte peper

VOORBEREIDING
 10 min.
GAARTIJD
 40 min. + 25 min.

Linzen, heerlijk verzadigend, ideaal voor koude winterdagen

Linzen met wortelen en aardappelen

BEREIDING

Versnipper de ui en de knoflook in niet al te kleine stukken en stoof ze glazig in een flinke scheut olijfolie. Voeg de linzen toe en giet er water bij tot ze goed onderstaan (zie tip). Voeg de laurierblaadjes toe. Laat koken zonder deksel.

Was de wortelen en de aardappelen goed maar schil ze niet. Als de wortelen te groot zijn, snijd je ze doormidden.
Voeg de aardappelen en de wortelen 20 minuten voor het einde van de kooktijd van de linzen toe. Voeg indien nodig nog wat water toe, zodat alles net onderstaat.
Het is de bedoeling dat het water uitkookt, is er nog te veel vocht, laat dan verder koken zonder deksel.

TIP linzen koken

De kooktijd is afhankelijk van welke soort linzen je gebruikt. Je hebt onder andere rode linzen, die maar 15 minuten moeten koken en groene linzen, die meestal een halfuur kooktijd vergen. Lees dus goed de instructies op de verpakking.
Je kunt een paar blaadjes salie, bonenkruid of zeewier laten meekoken om de linzen zachter en beter verteerbaar te maken.

TIP voorkiemen van linzen

Wie tijd heeft, kan de linzen laten voorkiemen. Daardoor verkort je de kooktijd en vertienvoudig je de voedingswaarde van de linzen. Ze worden bovendien zachter en beter verteerbaar. Door het kiemen worden de 'potentiële' voedingsstoffen geactiveerd, ze worden levend gemaakt. Al na 24 uur kiemen verandert het zetmeel in eenvoudige koolhydraten (suikers) die sneller worden opgenomen en lichter verteerbaar zijn. Ook alle aanwezige vitaminen en mineralen komen vrij. Voorkiemen is heel eenvoudig. Leg de linzen in een zeef en zet ze in een kom water. Spoel de linzen minstens tweemaal per dag en ververs het weekwater.

INGREDIËNTEN

1 pakje linzen (500 g)
8 wortelen
8 kleine, vastkokende
  aardappelen

1 teentje knoflook
1 grote ui
een paar laurierblaadjes
olijfolie

VOORBEREIDING

10 min.

GAARTIJD

Gaartijd afhankelijk van
het soort linzen, zie tip

Winterse groenten met kokosmelk en groene curry

BEREIDING

Snijd alle groenten in grote stukken. Snijd de knoflook fijn. Stoof de knoflook en de groenten, behalve het witlof (heeft minder kooktijd nodig), in een flinke scheut olijfolie en roerbak de groenten ongeveer 15 minuten tot ze beetgaar zijn (of langer naar smaak). Giet er af en toe een beetje water bij, zo worden de groenten sneller gaar. Op het einde bak je het witlof mee.

Giet er het blik kokosmelk bij en roer de currypasta onder de groenten (zie tip).

TIP Hoeveel curry?

Als je Thaise curry gebruikt, volstaat een flinke theelepel omdat deze heel pikant is. De curry die ze in de Europese winkels verkopen, zeg maar een westerse curry, is veel milder, daarvan gebruik ik een volledig potje. Proeven is dus de beste manier! Curry uit pakjes is niet geschikt, het gaat hier om currypasta, wat vrij gemakkelijk te verkrijgen is in de supermarkt.

TIP kokosmelk

Kokosmelk is niet het water dat in de kokosnoot zit, maar geraspt kokosvlees. Kokosmelk is weliswaar rijk aan verzadigde vetten, maar niet alle verzadigde vetten zijn slecht. De vetten in kokosolie zijn gemakkelijker afbreekbaar voor de lever en verhogen de cholesterol in het bloed niet. Het vet wordt dus met andere woorden gebruikt voor energie en niet als vet opgeslagen in je lichaam. Andere voordelen zijn dat kokos rijk is aan mineralen, vitaminen, antioxidanten en vezels. Dat is allemaal goed voor het lichaam en bovendien is het heel verzadigend.
Je moet natuurlijk altijd naar het geheel kijken. In het gerecht gebruiken we geen vlees of vis, alleen kokos met groenten. Een uiterst gezonde combinatie.

INGREDIËNTEN

1 blik kokosmelk (400 ml)
currypasta (tip)

2-3 bladeren savooikool
2-3 bladeren witte kool
1 schorseneer
1 stengel prei
4 roosjes broccoli
1 stronkje witlof

2 teentjes knoflook
olijfolie

VOORBEREIDING
15 min.
GAARTIJD
20 min.

Een hartverwarmende, vullende soep vol groenten voor koude winterdagen

Op zoek gaan naar 'wilde paddenstoelen' vervult dat verlangen en brengt me terug bij de ontembare natuur, bij mezelf.

Op zoek naar het wilde ...
'paddenstoelen'

Wij allemaal zijn vervuld van een verlangen naar het wilde ...

Telkens opnieuw ga ik op zoek naar inspirerende ervaringen met de natuur. Het verlangen ontstaat vooral als we beseffen dat we te weinig tijd aan ons eigen creatieve leven besteden of aan de dingen waar we echt om geven. Op zoek gaan naar 'wilde paddenstoelen' vervult dat verlangen en brengt me terug bij de ontembare natuur, bij mezelf. Het wakkert onze instincten aan: ons reukvermogen wordt sterker, we zien beter en intuïtief voelen we aan waar we moeten zoeken.

De herfst is een zalige periode voor 'wilde paddenstoelen'. Zondagochtend gaan we naar de markt in Watermaal-Bosvoorde, waar de wilde paddenstoelen in overvloed worden aangeboden, in prachtige mandjes en in alle kleuren en geuren. 's Middags trekken we de laarzen aan voor een stevige herfstwandeling met een bevriende boswachter uit Waals-Brabant. Mijn geluk kan niet op als ik al is het maar één eetbare paddenstoel heb gevonden. 's Avonds is het volop genieten van de oogst van de dag. Terwijl Paul de open haard aanmaakt, bereid ik een heerlijk avondmaal met de paddenstoelen. En bij een glaasje rode wijn vertel ik wilde verhalen over mijn zoektocht naar paddenstoelen.

Van paddenstoelen gaat iets mysterieus uit, iets magisch. Ze zijn een bron van inspiratie voor veel sprookjes en verhalen. Ze spreken al eeuwenlang tot onze verbeelding, omdat ze ontembaar zijn, omdat ze wild zijn. Hun merkwaardige vormen, kleuren en willekeurige groei zijn ongrijpbaar. Zelfs wetenschappers zijn er nog altijd niet uit of paddenstoelen eigenlijk wel planten zijn, ze lijken uit een andere wereld te komen.

In elk geval zijn ze een echt godsgeschenk. Ze zijn ongelooflijk veelzijdig: je kunt ze bakken, grillen, stoven, rauw eten en ze combineren met zowat alles: kaas, vis, vlees of pasta. Ze zijn buitengewoon geurig en ze voegen niet alleen smaak toe maar zuigen ook de aroma's op waarin ze worden gesmoord.

Maar paddenstoelen kunnen verraderlijk zijn, sommige zien er bijzonder aantrekkelijk uit maar zijn absoluut dodelijk, zoals de groene knolamaniet (verantwoordelijk voor de meeste dodelijke ongevallen met paddenstoelen). Ook dit aspect draagt bij tot hun 'meesterlijke' reputatie. Wie paddenstoelen plukt, moet heel goed weten waarmee hij/zij bezig is of moet zich laten bijstaan door een kenner. Vertrouw vooral niet op het uiterlijk van een paddenstoel maar op de kennis van een deskundige. In Vlaanderen is het trouwens verboden zelf paddenstoelen te plukken.

Gezondheid

Er wordt veel wetenschappelijk onderzoek gedaan naar de geneeskundige krachten van paddenstoelen, zodat zelfs de nuchtere westerlingen er niet meer om heen kunnen. Zo is bewezen dat sommige soorten, zoals de shiitake en oesterzwammen, bijzonder rijk zijn aan lentinaan, een complexe suiker die een sterke kankerwerende werking heeft. Lentinaan stimuleert daarnaast de aanmaak van witte bloedlichaampjes, de sleutelcellen van ons immuunsysteem. Ook onze gewone Parijse champignons bevatten stoffen die de ontwikkeling van bepaalde kankers (vooral darmkanker) vertragen door de kankercellen rechtstreeks aan te vallen en hen te dwingen te sterven.

Gebakken eekhoorntjesbrood

BEREIDING

Eekhoorntjesbrood schoonmaken is een werkje dat met veel liefde moet gebeuren. Omzichtig en rustig te werk gaan is de boodschap. Je kunt het beste met een scherp mes en een borsteltje werken. Spoel eekhoorntjesbrood niet af onder de kraan, want de boleet zuigt te veel water op.

Snijd de harde, donkere plakken aan de voet van de steel weg en borstel de steel en de hoed goed af.

Snijd in plakken en bak in een hete pan met olijfolie. Kruid met peper en fleur de sel.

TIP eekhoorntjesbrood

Ook wel boleten of in Frankrijk *cèpes* genoemd. Eekhoorntjesbrood is de wilde paddenstoel bij uitstek! Elke paddenstoelliefhebber en kok is er verzot op. De smaak van de boleten is zo krachtig en intens dat deze paddenstoel niets extra hoeft, zelfs geen peterselie. Alleen de echte kenners kunnen boleten in het wild vinden, de meesten, zoals ik, kopen ze op de markt of in een gespecialiseerde groentezaak.

INGREDIËNTEN

500 g eekhoorntjesbrood

olijfolie
peper
fleur de sel

VOORBEREIDING
20 min.
GAARTIJD
8-10 min.

De lekkerste en meest begeerde van de wilde paddenstoelen

Zachte en krokante schorseneer
met een vleugje room, heerlijk!

Schorseneer met wilde paddenstoelen, room en parmezaanschilfers

BEREIDING

Schil de schorseneren eerst ongewassen boven een stuk krantenpapier. Dit gaat het gemakkelijkst met een dunschiller. Gooi het afval met het krantenpapier weg. Spoel de schorseneren nu onder de kraan en schil ze opnieuw.

Schil drie schorseneren met een dunschiller in platte slierten en leg deze in een kom met water met wat citroensap (om verkleuring te gaan). Schil de laatste schorseneer ook in slierten, maar deze leg je in een droge kom en wentel je in een scheut olijfolie. Kruid met peper en zout. Zet even opzij.

Haal de slierten uit het water en kook ze een 5-tal minuten in een pan met water en zout. Haal ze eruit, laat goed uitlekken en dep droog. Giet er nu de room bij en meng goed. Kruid met peper en zout.

Neem een vuurvaste schotel. Maak in de vuurvaste schotel twee hoopjes van de schorseneer met de room. Doe hetzelfde met de schorseneer in olijfolie. Plaats de schotel 20 minuten in een warme oven van 180°C. De schorseneren in de olijfolie zullen krokanter bakken en meer kleuren.

Bak intussen de paddenstoelen in een scheut olijfolie en kruid met peper en zout.

Leg eerst een hoopje schorseneer met room op een bord en giet er eventueel nog een beetje room bij. Leg daarop de krokante schorseneer en daarboven de gebakken paddenstoelen. Bestrooi het geheel met parmezaanschilfers.

TIP **paddenstoelen**

Voor dit recept heb ik een mix van wilde paddenstoelen in de supermarkt gekocht, waaronder cantharellen, hoorn des overvloeds en pied de mouton (gele stekelzwam).

INGREDIËNTEN

4 schorseneren
300 g wilde paddenstoelen
 (zie tip)
10 eetlepels room
parmezaanschilfers

citroensap
olijfolie
peper en zout

VOORBEREIDING
20 min.
GAARTIJD
25 min.

Wilde paddenstoelen met wintergroenten

BEREIDING

Maak de paddenstoelen en alle groenten schoon (zie tip). Kook alleen de wortelen eerst 5 minuten in kokend water. Snijd nu de rest van de groenten: halveer de sjalotten en plet de knoflook (met schil eraan). Snijd de paprika's, de pompoen en de paddenstoelen in grote stukken. Snijd de prei in dunnere plakken.

Bestrijk alle groenten goed met olijfolie, vooral de paddenstoelen en de tijmtakjes.

Neem een grote vuurvaste schotel, leg eerst de preiplakjes erin en schik er de rest van de groenten op. Vergeet de tijm niet! Zet 30 minuten in een warme oven van 180°C. De eerste helft kun je de ovenschotel het beste bedekken met aluminiumfolie, zodat de groenten zeker niet verbranden.

TIP groenten schoonmaken en snijden

Het is altijd mooi en verrassender als je groenten net een beetje anders snijdt dan gangbaar is. Zo laat ik bij worteltjes 1 cm van de steeltjes eraan zitten. Die mag je gerust opeten. Als de wortelen niet echt vuil zij, spoel ik ze gewoon even onder de kraan, anders werk ik met een dunschiller. Je mag gerust de schil aan de pompoen laten zitten, deze is niet alleen heel lekker, vaak concentreren vitaminen en mineralen van groenten en vruchten zich in en net onder de schil.

TIP wilde paddenstoelen

Alle wilde paddenstoelen zijn geschikt voor dit gerecht. Op de markt, in de supermarkt of bij de groenteboer vind je gemengde wilde paddenstoelen. Je kunt ook gewone champignons gebruiken.

INGREDIËNTEN

300 g wilde paddenstoelen
1/4 pompoen
1/3 rode paprika
1/3 gele paprika
4 kleine wortelen
stuk prei van 15 cm
2 sjalotten

6 teentjes knoflook
4 takjes tijm
olijfolie

VOORBEREIDING
20 min.
GAARTIJD
30 min.

Terug naar de natuur

Wilde paddenstoelen met spekreepjes

BEREIDING

Maak de paddenstoelen schoon, de grote snijd je in stukken, de kleinere laat je heel.

Snijd de paprika's en de ui fijn en snijd het buikspek in lange reepjes.

Neem twee pannen. Giet in beide een scheut olijfolie en laat heet worden. In de ene pan bak je de paprika's en de ui. Zodra die glazig zijn, giet je er een scheut jerezazijn (of balsamicoazijn) bij. Kruid met peper en zout.

Bak in de andere pan eerst even het spek en voeg er dan de paddenstoelen aan toe.

Schik alles apart op een bord en voeg wat gemengde sla toe.

TIP paddenstoelen

In dit gerecht heb ik de volgende paddenstoelen gebruikt: cantharellen, hoorn des overvloeds en pieds de mouton (gele stekelzwam). Je kunt ook gewone champignons gebruiken.

INGREDIËNTEN

250 g paddenstoelen

1 ui

½ rode paprika

½ groene paprika

100 g buikspek

gemengde sla

jerezazijn (of balsamico-
   azijn)

olijfolie

VOORBEREIDING

10 min.

GAARTIJD

10 min.

Heerlijk met die zoute, knapperige spekreepjes

Kabeljauw met hoorn des overvloeds en rode wijn

BEREIDING

Maak de paddenstoelen schoon: klop het zand en vuil eraf en snijd het onderste harde deel van de steel. Versnipper de sjalot en de knoflook.

Giet een scheut olijfolie in een vuurvaste schotel, leg hierin de kabeljauw en kruid met peper en zout. Zet 15 tot 20 minuten in een warme oven van 180°C (afhankelijk van de grootte van de vis).

Bak intussen de knoflook en de sjalot in een flinke scheut olijfolie. Voeg de paddenstoelen toe en laat goed bakken. Na een 5-tal minuten giet je het glas wijn en een beetje limoensap erbij. Laat het meeste vocht uitkoken. Kruid met peper en zout.

Leg de kabeljauw in het midden van het bord en dresseer hierover de paddenstoelen.

TIP hoorn des overvloeds

Ook wel *trompette des morts* genoemd (doodstrompet). Het is een van mijn lievelingspaddenstoelen, misschien door de mysterieuze zwarte kleur (blauwgrijs, bruinzwart) en de fijne vorm. Ooit werd hij 'trompettes d'amour' genoemd en ik hou het graag daarbij.
Hij groeit in de herfst tussen afgevallen bladeren en is heel moeilijk te vinden. Hij heeft een kruidig, houtachtig aroma en past heel goed bij vis. Men spreekt ook wel van 'armeluistruffel' omdat sommigen hem als truffelvervanger gebruiken. Het is in elk geval een smaakvolle en mooi ogende paddenstoel.

INGREDIËNTEN

2 kabeljauwhaasjes
300 g hoorn des overvloeds

2 teentjes knoflook
1 sjalot
limoensap
1 glas rode wijn
olijfolie

VOORBEREIDING
15 min.
GAARTIJD
20 min.

Hoorn des overvloeds, één van mijn lievelingspaddenstoelen

Spaghetti met paddenstoelen, pijnboompitten en peterseliesausje

BEREIDING

Doe de peterselie en de knoflook in een blender en giet er geleidelijk olijfolie bij tot je een dikke saus krijgt. Kruid met peper en zout.

Bruin de pijnboompitten in een warme oven van 180°C (zie tip). Kook ondertussen de spaghetti zoals aangegeven op het pakje. Maak de paddenstoelen schoon en snijd ze in plakken. Bak ze in een hete pan met olijfolie. Kruid met peper en zout.

Verdeel de spaghetti over de borden. Leg er de paddenstoelen bovenop en lepel er de saus over. Strooi er de knoflook en de pijnboompitten over.

TIP pijnboompitten bruinen

In de oven gaat dit gemakkelijk en zo bruinen de pijnboompitten gelijk-matig. In een pan is de ene kant vaak bruin of verbrand en de andere kant nog wit. Leg de pijnboompitten in een vuurvaste schotel of op aluminiumfolie en zet ongeveer een 12 minuten in een warme oven van 180°C. Let op! Op het einde gaat het bruinproces heel snel, dus check regelmatig tijdens de laatste minuten.

TIP wilde paddenstoelen

Voor dit gerecht heb ik behalve wilde cantharellen ook gekweekte por-tobello's gebruikt. Portobello's zijn heel stevig en kun je overal kopen. Je kunt natuurlijk andere paddenstoelen nemen of zelfs gewone cham-pignons.

INGREDIËNTEN

500 g spaghetti

400 g wilde paddenstoelen

2 bosjes bladpeterselie

1 handvol pijnboompitten

1 teentje knoflook

olijfolie

VOORBEREIDING

15 min.

GAARTIJD

30 min.

Een heerlijk vullend gerecht voor koude dagen

Zo eenvoudig, zo lekker
en zo gezond!

Vissoepje met shiitake en zeewier

BEREIDING

Spoel het zeewier goed en week het 5 minuten in koud water. Snijd intussen de ui en de knoflook fijn en stoof in een flinke scheut olijfolie.

Maak de shiitakes schoon, haal de taaie steeltjes eraf en snijd de hoedjes in plakjes. Voeg ze bij de ui en laat ze een 5-tal minuten meestoven. Giet het zeewier samen met het weekvocht bij in de pan en laat een 10-tal minuten koken.

Snijd de vis in grote stukken en laat die de laatste 3 tot 5 minuten meekoken in de soep.

Dit is een heerlijke, voedzame en verzadigende soep. Geniet ervan.

TIP shiitake

De getemde paddenstoel. De shiitake is een gekweekte paddenstoel oorspronkelijk afkomstig uit Azië. Deze is bijzonder rijk aan kankerwerende stoffen die de groei van kanker kunnen vertragen.
De shiitake heeft een heel sterke, aardse geur, dat merk je meteen bij het bakken. Ze zijn veel voedzamer dan andere paddenstoelen. Je zult merken dat dit soepje erg verzadigend is.

TIP zeewier

Hiziki zijn de dunne slierten. Het is een zeewier uit het oosten. Smaakt sterk naar de zee (maar niet zout, hiziki bevat weinig natrium) en heeft een nootachtige smaak. Zoals de meeste zeewieren bevat hiziki veel mineralen (meer ijzer dan biefstuk) en tienmaal zoveel calcium als een gelijkaardige hoeveelheid melk. Het bevat jodium en daaraan hebben de meeste westerse mensen een tekort. Bij het koken zet het volume van hiziki tot ongeveer vijfmaal uit. Houd hiermee rekening.
Wakame is een zeewier met een donkergroene kleur. Het heeft een uitgesproken zeesmaak die doet denken aan die van oesters. Wakame bevat net als hiziki veel calcium en heeft bijzondere kankerwerende eigenschappen.
Zeewieren vind je bij een oosterse winkel en bij biowinkels.

INGREDIËNTEN

300 g witte vis, zoals
    koolvis of roodbaars
6 shiitakes

10 g gedroogde wakame
    (zeewier)
7 g gedroogde hiziki
    (zeewier)

1 ui
1 teentje knoflook

VOORBEREIDING
10 min.
GAARTIJD
25 min.

Mooie potten op tafel

Mooie potten bepalen mee: de sfeer, het comfort en de manier waarop er aan tafel wordt gegeten.

Met klei werken is met vuur, water en aarde spelen. Het is zo'n fantastische uitdaging. Die klomp vochtige klei op de draaischijf met je eigen handen omtoveren tot een mooie vorm vergt kracht, kennis van de materie, veel ervaring en creativiteit. Voor mij is het een logisch verlengstuk van alles waarmee ik bezig ben. Koken en sfeer.

Ik vind sfeer minstens of zoniet nog belangrijker dan het eten. Dat is een groot deel van het genot en het bepaalt mee de voldoening van een etentje. Daarom hecht ik veel belang aan een mooi gedekte tafel en mooie schotels. Meer nog, een mooie pot bepaalt niet alleen mee de sfeer, hij zorgt ook voor comfort voor diegene die kookt. Je verliest geen tijd met het eten op de borden te dresseren, je hoeft niet bang te zijn dat het eten koud wordt en er is geen geknoei met het opdienen van de borden, bijvoorbeeld saus die eraf loopt omdat je het bord niet recht houdt. Bovendien bepaalt een ovenschotel op tafel mee de manier waarop er wordt gegeten, denk maar aan het mooie gebaar van voedsel uitdelen, waarvan ik zoveel van hou. Die sfeer en die gezelligheid beleef je alleen in een huiselijke sfeer. Een mooi voorbeeld hiervan is lamsbout met tomaat, wortelen en pompoen (zie pagina 83), geserveerd in zwart aardewerk uit Colombia. Ik heb dit gerecht al verschillende keren klaargemaakt voor vrienden en de sfeer zit er meteen in.

Mijn hobby geeft mij de mogelijkheid en de vrijheid om mijn eigen tafelspullen te kunnen maken. Maar ik zou nog zoveel meer willen maken, jammer genoeg heb ik daar niet altijd de tijd voor. Ik ben constant op zoek naar de ideale schotels die passen bij de sfeer van *Mijn Pure Keuken*. Of ik nu in het buitenland ben of in België, steevast schuim ik marktjes, winkeltjes en keramiekateliers af, altijd op zoek.
Sommige borden in dit boek zijn gekocht, andere zijn zelfgemaakt.

Momenteel ben ik volop aan het werken aan een volgend project, een 'keramieklijn' met schotels, potten en borden die perfect passen binnen de sfeer van *Mijn Pure Keuken* en die mee de sfeer, het kookcomfort en het gemak bepalen van een geslaagd etentje thuis.

www.lannoo.com
Registreer u op onze website en we sturen u regelmatig een nieuwsbrief met informatie over
nieuwe boeken en met interessante, exclusieve aanbiedingen.

Recepten, teksten, styling en concept vormgeving: Pascale Naessens - www.mijnpurekeuken.be
Fotografie: Heikki Verdurme, schutblad vooraan + pagina's 54-56-58-64-65-66-69: Sigfrid Eggers,
pagina's 140-141: Willem de Meerleer, pagina 88 + kleine foto's pagina's: 177-181: Paul Jambers
Vormgeving en opmaak: Teo van Gerwen Design

vtmBooks® is a trademark of The Vlaamse Media Maatschappij – licensed by VMMa Line
Extensions.
www.vtm.be/vtmbooks

Als u opmerkingen of vragen heeft, dan kunt u contact nemen met onze redactie:
redactielifestyle@lannoo.com

© Uitgeverij Lannoo nv, Tielt, 2011
D/2011/45/470 – NUR 440-441
ISBN: 978 90 209 1710 9